高校体育教学新模式及其应用探索

穆 桐 ◎著

中国书籍出版社
China Book Press

图书在版编目 (CIP) 数据

高校体育教学新模式及其应用探索 / 穆桐著 .
北京 : 中国书籍出版社 , 2024.6. -- ISBN 978-7-5068-9935-2

Ⅰ . G807.4

中国国家版本馆 CIP 数据核字第 2024PW9214 号

高校体育教学新模式及其应用探索

穆 桐 著

丛书策划	谭 鹏 武 斌
责任编辑	李国永
责任印制	孙马飞 马 芝
封面设计	博健文化
出版发行	中国书籍出版社
地 址	北京市丰台区三路居路 97 号（邮编：100073）
电 话	（010）52257143（总编室） （010）52257140（发行部）
电子邮箱	eo@chinabp.com.cn
经 销	全国新华书店
印 厂	三河市德贤弘印务有限公司
开 本	710 毫米 ×1000 毫米 1/16
字 数	202 千字
印 张	12.75
版 次	2025 年 1 月第 1 版
印 次	2025 年 1 月第 1 次印刷
书 号	ISBN 978-7-5068-9935-2
定 价	86.00 元

版权所有 翻印必究

目 录

第一章　高校体育教学概论与发展……………………………………… 1
　第一节　高校体育教学的目的与任务…………………………………… 1
　第二节　高校体育教学的特点与功能…………………………………… 6
　第三节　高校体育教学的规律与原则…………………………………… 13
　第四节　高校体育教学的内容与方法…………………………………… 19
　第五节　高校体育教学发展概况………………………………………… 26

第二章　体育教学模式的基本理论与科学构建………………………… 36
　第一节　教学模式概述…………………………………………………… 36
　第二节　体育教学模式的特征、功能与结构…………………………… 37
　第三节　体育教学模式与其他体育教学要素的关系…………………… 45
　第四节　体育教学模式的构建方法……………………………………… 49
　第五节　体育教学模式的选用技巧……………………………………… 62

第三章　高校体育教学模式的发展现状与趋势………………………… 67
　第一节　高校体育教学模式的发展现状………………………………… 67
　第二节　高校体育教学模式的改革与发展策略………………………… 71
　第三节　高校体育教学模式的发展趋势………………………………… 76
　第四节　国外体育教学模式及对我国的启示…………………………… 80

第四章　高校运动教育模式及其应用…………………………………… 89
　第一节　运动教育模式的基本理论……………………………………… 89
　第二节　高校体育教学中引入运动教育模式的
　　　　　必要性与可行性………………………………………………… 96
　第三节　运动教育模式构建的理论基础与方法操作…………………… 101

· 1 ·

  第四节 运动教育模式在高校体育项目教学中的具体应用… 111

第五章 高校体育俱乐部教学模式及其应用…………………… 119
  第一节 高校体育俱乐部教学理论…………………………… 119
  第二节 高校体育俱乐部教学模式的特征与优势…………… 120
  第三节 高校体育俱乐部教学模式的合理构建……………… 125
  第四节 高校体育俱乐部教学模式的应用指导……………… 128
  第五节 高校体育俱乐部教学模式的实施现状与重构……… 133

第六章 新媒体视域下高校教学新模式及其应用……………… 137
  第一节 新媒体时代高校体育教学模式的创新……………… 137
  第二节 新媒体视域下高校体育微课教学模式及应用……… 140
  第三节 新媒体视域下高校体育微信教学模式及应用……… 145
  第四节 新媒体视域下高校体育慕课教学模式及应用……… 149
  第五节 新媒体视域下高校体育翻转课堂教学模式及应用… 151

第七章 课程思政视域下的高校体育课程思政
     育人模式及其应用…………………………………… 160
  第一节 课程思政育人理念…………………………………… 160
  第二节 高校体育课程思政建设探析………………………… 166
  第三节 课程思政视域下高校体育教学模式的优化策略…… 179
  第四节 基于项群理论的高校体育课程思政育人模式……… 183
  第五节 多维度构建高校体育课程思政育人模式的思考…… 188
  第六节 高校体育课程思政育人模式的实践应用…………… 189

参考文献……………………………………………………………… 193

第一章 高校体育教学概论与发展

高校体育教学是对学生进行全面培养的一个不可或缺的途径,作为一种教学活动,体育教学在学校系统内始终具有多维度的功能和意义。尽管高校体育教学本身不是新事物,但是为了适应时代的发展,高校体育教学需要不断引用新的教学思想,吸纳新的教学形式等,从而满足社会对人才的需求。本章将主要针对高校体育教学的基本理论和未来发展展开分析。

第一节 高校体育教学的目的与任务

高校体育教学是高校实施人才培养的一个重要环节,通过体育教学,不仅能够促进学生的身心健康发展,还能培养学生的体育兴趣,养成良好的生活习惯。而高校体育教学的任务则是对教学目的的具体实施。本节就以上内容展开具体的分析。

一、高校体育教学的目的

高校体育教学的目的具有多维度、综合性的特点,它不仅关注学生体质的增强,还注重体育精神、运动技能的培养,尤其强调对学生终身体育意识的养成,以确保学生的全面成长。

（一）增强学生的体质健康

高校体育教学最基本的目的就是通过科学、持续的体育教学和锻炼，逐渐提高学生的身体素质和运动能力，包括力量、速度、耐力、灵敏度和柔韧素质，基本的奔跑、跳跃等运动能力，以及掌握一些常见的运动技术，从而使学生全面成长，拥有健康的体魄，为未来的学习和生活奠定良好的基础。

人的体质健康不是一蹴而就的。无论是什么年龄，也无论是怎样的身体基础条件，想要获得较好的健康体质，都需要长期进行体育锻炼。而高校学生正处于人生中身体代谢最为旺盛、体质条件最好的阶段，此时，如果能够加强体育运动，认真参加教师精心设计的体育教学活动，就会循序渐进地提升他们的身体素质，从而为保持稳定的健康水平打下坚实的基础。

体质健康对一个人具有决定性意义。通过体育教学，发展学生的身体素质，帮助他们养成运动的兴趣，是体育教学的重要目的。在高等教育阶段，由于学生已经具备了一定的体育运动知识和技能，因此，该阶段的教学目标主要是促进学生发展出浓厚的运动兴趣，养成长期运动的生活方式，从而有助于他们形成终身体育的良好意识和习惯。

在大学期间，通过系统的体育教学，能够帮助学生完善他们的运动技能，增强其身体素质，因此，帮助学生拥有健硕的体魄、矫健的身姿也是高校体育教学的目标之一。只有拥有了健康的体质，才能在其生活和学习活动中有着良好的表现，为日后的人生发展奠定坚实的基础。

（二）培养学生的体育精神

体育教育具有多方面的价值和功能，除了发展身体素质之外，还具有培养学生意志品质和集体主义精神的作用。在高校的体育教学中，通过系统的教学设计，全面的运动安排，能够有效地培养学生逐渐养成一定的体育精神，这对他们的全面发展、获得较好的综合素质具有重要意义。

通过参加体育活动，学生能够深刻体会到团结协作、公平竞争、勇敢拼搏等体育精神的重要性，并能够在一次次的实践中，认识自身的价值追求,发现自己的不足,从而更有针对性地锻炼和提高自己,这对他们人生观、价值观和世界观的形成发挥着潜移默化的作用。

在集体性体育项目中,学生们被鼓励进行相互合作与协作,共同为达成团队目标而努力。这门课程对于学生在步入社会前的学习至关重要,因为社会工作往往需要频繁的合作、协商、协调,甚至是无私的奉献。这种体育学习与文化课程的独立学习模式形成鲜明对比,后者更多要求学生个人独立完成学业。然而,要培养学生的团队精神和人际交往能力,体育活动提供了一个理想的平台。尤其是像足球、篮球、排球这类集体竞技运动,需要队员之间的团结合作和默契配合才能获得比赛的胜利。因此,积极参与体育活动的学生往往展现出更强的团队合作意识,这为他们的未来社会生活带来了积极的影响。他们逐渐认识到,只有团队利益得到保障,个人利益才能最大化,这是学生在体育活动中逐渐悟出的道理。

此外,体育本身具有多方面的教育价值,能够促进学生的全面发展,对他们形成积极的人生态度、乐观进取的性格,以及良好的沟通协作能力和社会交往能力等,都具有很好的促进作用。因此,在高校的体育教学中,还具有发展学生社会适应能力、为未来参加社会生产做好准备的深远目标。

(三)发展学生的体育兴趣和技能

在高校的体育教学中,学生不仅可以学习和掌握各种运动技能,提高身体素质,通过几年有计划、有目的的体育教学,大多数学生都会逐渐培养出一定的体育兴趣,挖掘出自身的运动潜力,从而为今后的终身体育做好准备。

通过体育教学,还应重点培养学生对运动技能的掌握,并逐渐养成一套学习方法,为学生未来继续开展和开发体育活动奠定坚实的基础。

学校的教学时间毕竟是有限的,然而如果学生养成了体育兴趣,会自发地抽出时间开展运动,因为兴趣是最好的老师。有了兴趣的内在动力,能够激励学生将体育运动作为自己的生活内容,他们会定期进行体育活动,还能督促他们和同学、朋友保持长久的友谊,这对他们的人格成长同样发挥着重要的作用。同时,经常参加体育运动的学生,不仅身体更为健康,人际交往更加广泛,而且还能促进他们在生活和学习的各个方面都更容易获得幸福感。在面临挑战和逆境时,拥有体育兴趣的学生往往表现得更加乐观,具有更宽广的心境,因此能够勇敢地面对和战胜困难。

长久来看,发展出体育兴趣和技能的学生,他们的人生发展更具韧性,也更容易获得成就。

二、高校体育教学的任务

高校体育的教学任务是对教学目的的具体实施,这体现在以下几个方面。

(一)通过师生间的互动实现教学目的

体育教学无疑是教育领域中一种特殊的双向活动,它深刻地体现了教师与学生之间的密切互动与相互依赖。在教学过程中,离不开师生之间的频繁互动,这种交流与配合具有清晰的目标感,能够快速拉近彼此的感情,打破以往师生间的人际距离,让学生积极投入体育活动。为了更好地掌握运动技能,或者获得比赛优势,学生能够全身心地投入学习。

在体育教学中,教师不仅是知识的传递者,更是技能的示范者和学习过程的引导者。因此,体育教师在实现体育教学目的方面发挥着重要作用。他们的一言一行和人格魅力,是调动学生学习积极性和学习热情的最直接因素。通过体育教师精准的动作示范,学生不仅可以学习体育技能和方法,并且通过观察与模仿,还能感受到运动的魅力,激发他们的求知欲和上进心,从而发奋学习。

在体育教学活动中,学生不再是被动接受的客体,通过积极参与体育教学活动,学生主动向教师提出问题,探讨学习体验,从而使体育教学更有效率,提高整体的教学效果。

(二)系统组织教学过程和教学活动

高校体育教学的任务还包括建立完善、系统的教学过程,组织学生科学训练,因为,体育教学是通过组织教学获得和设计教学过程来最终实现的。而教学活动的内容、质量,以及教学过程的科学性、合理性,将直接决定着教学的效率和成果。因此,高校的体育教学任务也包括教学的组织和管理,在不断优化和提升教学活动的同时,才能进行高效的体育教学。因此,各高校对体育教学的组织和管理给予了高度重视,并强调教研室的管理者和教师必须认真严谨地执行这些任务。

对教学活动的组织和管理,是体育教师日常工作的主要内容,也是开展体育教学的主要方式。一名优秀的体育教师,一定会花费很多精力和心力在组织教学方面。因为教师与学生的互动本身就是教学过程,决定着教学的效果。具体而言,为了完成一节精彩的体育课程,教师需要对教学过程提前进行设计,在教学中及时调整和组织学生分组练习,纠正错误动作等,都是教学活动组织和管理的一部分,通过这些工作逐步实现教学目的。

(三)体育教学可以促进学生全面成长

高校体育教学以增强学生体质、增进学生的身心健康为目的,要想充分实现这些目标,必须选择科学的教学手段和方法,并不断优化和提升。通过系统的体育训练和锻炼,提升学生的力量、速度、耐力、灵敏度和柔韧性等运动素质,从而加强其体质健康水平,促进其拥有健康的体魄,为未来的学习、生活和工作奠定基础。

同时,还要注意体育教学的全面性,即兼顾学生的心理健康发展。因此,高校体育教学的任务还应包括促进学生的全面成长,注意培养学生养成健全的人格,能够适应未来社会的种种挑战,即使在激烈的竞争中也能保持积极乐观的生活态度。当然,仅有良好的价值观指引还是不够的,学生还应具备较高的综合素质。通过科学的体育教学,就可以很好地培养学生具备以上优秀品质,为他们迎接未来的挑战做好准备。

总之,高校的体育教学具有多方面的功能,不仅要发展学生的身体素质,还要培养他们良好的运动习惯,最后,还要训练学生的沟通协作能力、社会适应能力以及增强他们的社会责任感和公民意识,最终成长为国家需要的高素质人才。

第二节 高校体育教学的特点与功能

高校体育教学和其他学科的教学相比,具有一些独有的特点和功能,本节将重点对此进行分析。

一、高校体育教学的特点

体育教学与其他形式的教学活动在诸多方面既展现了共性,又凸显了其独特的个性。

(一)教学环境的开放性

体育教学因其独特的性质,对教学环境有着更高的标准和要求。鉴于体育教学主要依赖于室外空间,故它对于专业的器材设施以及合适的场地场馆有着不可或缺的依赖。在我国,高校的体育教学活动多数以实践课的形式展开,体育教师通常会在学校的操场上组织各类体育课。相较于其他学科,体育教学环境展现出了更为显著的变化性和开放性特征。

由于体育教学环境的开放性,不可避免地给体育教学带来一定的风险,因此高校在开展体育教学活动时,首先需要考虑安全因素,其次才是教学实施,只有这样才能保证体育教学安全、顺利地进行。具体要注意以下几个方面。

(1)和文化课相比,体育课大多数在户外进行,尽管有些高校也建有体育馆,但是仅供体操、游泳、乒乓球、排球等项目使用,所有项目全部进行室内教学显然是不现实的。首先,体育课受到天气的影响较为明显,尤其是在冬季和夏季,以及地处高原地区的学校,体育课的实施,要根据天气情况进行安排。另外,高校体育教学的组织和管理工作,与中小学也明显不同,由于大学生已经具备相当强的学习能力和自我管理能力,因此,在实施教学的过程中,教师不会僵硬地安排教学内容,而是根据学生的具体情况灵活进行,只要确保教学活动能够正常、科学地开展,确保学生能够投入练习就基本上保证了教学的效果。

(2)高校的体育教学往往是动态的,这种动态的特点不仅体现在高校体育课堂教学以学生的自主实践为主,在体育课上,学生大部分时间都在做练习,或者和同伴比赛,在亲身体验中提升运动技能。同时,这种动态还体现为学生的学习不是僵硬地执行事先计划好的内容,而是以学生的实际情况为中心,以学生的学习愿望为主导,教师会根据这些情况为学生安排相应的学习内容。因此,高校的体育教学会灵活调整教学策略,放弃传统的统一教学形式,转而采用分组教学的方式,以更好地满足学生的个性化需求。

(3)教学环境的开放性还具体地体现在教学场地与设施的选择是随着学生的学习进步进行调整的,并不是严格遵守教案的设计,这也是对学生的学习进步高度负责的一种体现。

(二)教学过程的直观性

1. 讲解

在讲解环节,体育教师的语言必须生动、形象且富有趣味性。他们需要艺术性地传授体育知识,将复杂的技术动作通过语言转化为易于理解的形象描述。这种深入浅出的讲解方式不仅使学生感到有趣,还能加深他们对教学内容的认知,从而更好地吸收和掌握。

2. 示范

体育教师对动作技能的示范同样具有直观形象性。无论是教师亲自示范还是请优秀学生进行展示,这些动作示范都直观地展现在学生面前,没有任何艺术加工。教师的示范是体育教学中的重要环节,是帮助学生尽快掌握技术动作,了解某一运动项目精髓的核心步骤。教学示范的直观性能够很好地展示体育运动的魅力,使学生能够直接从感官上感知动作,从而逐渐建立起正确、清晰的运动表象。

3. 教学组织与管理

和其他文化课相比,体育教学的组织与管理过程,具有明显的直观性。不像其他课堂教学活动,体育教学主要是通过身体的运动来掌握知识和技能,因此,无论是教师的教,还是学生的学,都必须通过具体的身体活动来实现,并且,师生间必须进行大量而频繁的示范、模仿、纠正、再练习等一系列的活动完成教学实践。因此,体育教学的组织、管理以及师生互动都是非常直观的。直观的教学活动不仅有助于吸引学生的注意力,让他们更能长久地投入学习和训练中,而且也能让他们自觉地监督自身的学习效率,加强学习管理,从而获得较满意的学习成果。

(三)技能学习的重复性

体育运动具有较强的技能性,需要大量的练习才能掌握和熟练。但是在现代体育教学中,相较于传统模式,更加注重对学生身心健康的全面发展,而不是单一地发展某一项技能。但是,无论提高哪方面的素质和技能,都离不开重复训练这一基本规律,因此技能学习的重复性,仍是高校体育教学的特点之一。

在教师的指导下,学生从完全不会开始,逐渐体会出动作之中的要义,再经过反复训练至熟练掌握,这一过程都需要反复训练才能实现。尽管有些学生的运动天赋较高,能够又快又好地完成学习,但是若想能够稳定表现,仍然需要反复训练,获得肌肉记忆,才能真正地掌握这项运动技能。在这一过程的始终,都需要学生的长期练习才能实现。即使对体育运动有一定的兴趣,在训练过程中也难免会有畏难心理,甚至有些学生会回避自己的不足和短板,这时候,就需要教师及时给予指导。这里的指导不仅是对技能动作的指导,更多的是引领学生直面挑战,并鼓足勇气克服困难,走出舒适区。同时,教师还应合理安排学生的练习内容、练习时间和练习形式,确保学生在重复练习中能够逐步提高运动技能水平。

(四)身心练习的统一性

现代高校体育教学,非常重视对学生的全面培养,因此在教学中,教师会注意引导学生身心同时投入训练,这也是符合现代体育科学理念的、先进的教学方式的体现。随着现代科学的深入探索,人们逐渐认识到,身体健康与心理健康之间存在着紧密联系,而且二者相互影响,互为支持,共同发展。因此,在高校的体育教学中,体育教师不仅从学生的身体素质和运动技能的提升出发,而是同时兼顾其身心两方面的修炼,强调身心练习的和谐统一。

体育对人的改造作用,并不仅限于塑造强健的体魄和改善生理机能,它同样能够作用于人的内心世界,实现身心的和谐统一。观察那些在不同体育项目中取得成绩的优秀运动员,无一例外都具有强大的精神力量和稳定的心理素质,这再次证明了体育具有塑造心理素质功能。在高校的体育教学中,教师应增强培养学生心理素质的意识,在加强体质发展和技能培养的同时,还要锻炼他们的心理韧性、毅力、勇敢等优秀品质。未来社会,竞争将愈发激烈,对人才的要求也在不断提高,而体育教学应发挥出其德智体美全面育才的强大功能。在教学过程中,体育教师应科学设计教学方法,选择对学生的身心发展同时具有积极作用的教学内容,并营造积极进取的学习氛围,为学生的身心同时发展创造得天独厚的条件。

在这样的教学理念指导下,体育教学不仅能够帮助学生塑造健康的体魄,更能培养他们坚韧不拔的意志和积极向上的心态,为他们的全面发展奠定坚实的基础。

(五)教学条件的制约性

体育教学活动的实施是一个多要素交织、内容丰富的过程。正因如此,也体现出它具有受教学条件制约的这一特点:即高校体育教学必须结合其教学条件一起考虑,因为教学条件具有很强的制约性。教学条件包括客观场地设施条件,以及教师和学生的技术和体质基础条件。场地设施条件前文已经有过分析,这里不再赘述,至于教师和学生的身体条件,因为具有一定的复杂性和动态性,因此需要格外重视。

比如，体育教师一般都具有自身的运动强项和偏好，无论是基础理论还是运动技能，他们至少在某个或某几个项目上具有较强的优势，但不可能精通每一项运动。另外，不同体育教师的专业性及教学能力也存在差异，而这些都会成为体育教学过程中的制约条件，而且往往是不可避免的。

就学生而言，他们的基础条件更是千差万别，教师在面对同一个班级进行教学时，可能要对基础条件悬殊的学生进行统一教学。为了让每一位学生都能得到相适宜的训练，体育教师需要对教学内容进行分别设计，以满足不同学生的学习需求。但是教师的能力、精力，以及教学时间都是有限的，因此，这些情况都会成为影响教学进程的制约条件。

二、高校体育教学的功能

（一）健身娱乐功能

体育自诞生之初，就是以娱乐和健身为最基本目的的。因此，在当今的体育教学中，健身和娱乐是高校体育教学的一个核心目标，即通过体育活动，引导学生学会释放情绪，放松心情，借助一定的运动技巧，合理、高效地发展自身的健康水平。

人体遵循着生物学中的"用进废退"原理，因此，长期进行适当的体育活动，是保持人体健康，各项机能运作良好的一个有效途径。通过高校科学的教学安排，能够很好地实现这一目的。

在全民健身和终身体育的背景下，高校的体育教学非常重视对学生运动兴趣的培养，因为只有当学生体会到运动的娱乐性和休闲性，才会自觉地将体育运动作为自己日常生活的一项常规内容，才能真正养成终身运动的习惯。因此，在高校的体育教学中，应重视体育的健身性和娱乐性，为学生的兴趣养成创造条件。

（二）培养竞争意识

人类生活与竞技比赛之间存在着深刻的相似性，就如同我们在自然、社会及与竞争对手的角逐中，不断竞争、超越自我，以追求更理想的生活。对于参与竞争的人来说,如何创造有利条件以充实和提升自我,无疑是至关重要的。在竞技场上,每一位参与者都能通过不懈努力,培养出优秀的品质和行为习惯。这些积极的改变,根据迁移原则,会自然而然地融入我们的日常生活中,成为被社会广泛接受和认可的品质。

竞技场上,胜败乃兵家常事,正如生活中的起伏跌宕。胜利者固然值得骄傲与敬仰,但失败者也同样值得尊重与认可。无论是专业运动员还是大学生,我们都应该学会胜不骄、败不馁,保持顽强拼搏、勇于进取的精神风貌。

竞技运动作为高校体育教学的重要组成部分,其意义远不止于培养冠军。通过传授竞技知识和技能,更重要的是教育大学生如何在竞争中不断超越自我、完善自我,树立健康的竞争意识。这种教育价值,远胜于单纯的比赛成绩。因此,我们应该充分重视竞技运动在高校体育教学中的作用,使其成为培养学生全面素质的重要途径。

(三)发展适应能力

在现代社会,竞争日益激烈,生活压力持续加大,适者生存的法则愈发显得重要。因此,对于大学生而言,具备良好的社会适应能力已成为立足社会的关键。社会适应能力是一个涵盖多个方面的综合性概念,其重要性因人而异,但无论如何,大学生都需要具备全面的个人适应能力,以应对社会环境的不断变化。这里的"全面"具体指的是身体、心理、情感和道德等多个层面,每一个方面都是不可或缺的。

在培养个体适应能力方面,体育教学发挥着举足轻重的作用。体育教学始终坚持"以人为本"的教育理念,充分尊重学生的个性与兴趣。通过这样的教育活动,不仅有助于提升大学生的身体素质,更能有效培养他们的心理韧性和情感管理能力,进而提高他们的社会适应能力。因此,我们应当高度重视体育教学在大学生全面发展中的重要作用,为他们的未来社会生活奠定坚实的基础。

(四)改变行为

高校的体育教学还具有改变学生不良生活习惯,或者不健康运动习惯的功能。体育是对人体运动能力的发展,因此,在体育教学中,教师通过以一定的运动项目为手段,有计划、有目的地发展学生的运动技能和身体素质,经过一段时间的练习,以及一定强度的训练,能够很好地发展学生身体素质,并改变原有的不良运动习惯。

在教师的引导下,通过体育教学,逐渐优化个人的行为,改变学生不良的生活习惯,这样做不仅有助于他们的个人健康,同时还能起到对他们进行言行规范的作用。很多学生由于从小养成不良的坐姿、走姿,以及跑姿,长期下来,导致身体的某些组织一直处于代偿位置,于是引起身体姿态变形,比如骨盆前倾、高低肩等,另外还会因为跑步姿势错误而导致关节损伤等,因此对身体和健康造成很多危害。在体育教学中,教师会通过具体的体育知识和运动技能,逐渐纠正学生的不良行为,从而帮助他们恢复更为健康的体态和运动机能,促进学生的身心健康发展。

(五)改造经验

经验对于每个人而言都至关重要,它如同生活中的指南,无时无刻不在陪伴我们成长,为我们赋予应对生活各种挑战的能力。经验的种类丰富多样,每个人在人生的不同阶段、不同领域都会积累到独特经验。对于参与体育学习的大学生来说,除了基本的读、写、说、算等技能经验外,还需要积累一系列与体育相关的专门经验。

1.动作经验是体育学习中不可或缺的一部分

从简单的坐、立、行等基本动作,到复杂的判断距离、速度和时间等技能,都是大学生在体育学习中能够逐渐积累和掌握的。更重要的是,通过体育教学,大学生还能学习到如何应对突发事件、培养自己的应变能力和自我保护意识。

2.品格经验在体育运动中同样占据重要地位

品格经验的改造是指通过体育教学活动,借助体育运动的规则,逐步培养学生具有优秀的体育精神,养成高贵的心灵品质,比如遵守公平竞争原则,乐于助人并积极建立协作关系,能够信守诺言,以及具有规则意识等。通过系统的体育教学,学生能够逐渐养成以上这些品质,从而对原来的不良品格加以塑造和纠正,有利于他们全面、健康地成长。

3. 情绪经验也是体育教学的重要方面

现代社会注重文明和秩序,对个人的情绪管理能力有着具体且较高的要求。比如,在公共空间有着一套约定俗成的行为规范,在与人合作和交往中,应具有稳定的情绪管理能力,而不能肆意发泄不良情绪。

而体育教学和体育活动,就有帮助个体宣泄情绪和管理情绪的功能。通过科学、系统的体育教学,学生能够掌握较为完整的运动技巧,这能很好地帮助他们表达情感,通过身体的高强度运动,也能起到梳理心理和表达情绪的作用。因此,体育教学具有管理和改造学生情绪体验的功能。

第三节 高校体育教学的规律与原则

体育教学有着自身的规律和原则,这是保障高校体育教学质量与效率的根本条件。只有了解了高校体育教学的内在规律,并依据恰当的原则,才能以不变应万变。这样不仅能满足绝大多数学生的学习需要,而且也能紧跟时代步伐,适用于各种教学内容、教学手段之中,最终实现体育教学的目的。

一、高校体育教学的规律

(一)差异化教学的规律

在高等教育机构的体育教学过程中,必须充分考虑学生个体间的差异性原则。鉴于每位学生均具有其独特的体质、技能水平及兴趣偏好,这种个性化差异在体育教学中显得尤为重要。差异性不仅表现在学生的生理特征上,同样也反映在他们的学习潜力、兴趣取向以及个人成长目标上。因此,高校体育教学应避免采用统一化的教学模式,而应根据每位学生的个体特征进行定制化的教学调整。这要求教师深入掌握每位学生的具体情况,包括他们的生理状况、技能掌握程度以及个人兴趣,从而提供针对性的指导。对于体质较弱的学生,教师可以设计适度的体能训练计划以增强其体质;对于技能基础薄弱的学生,教师应加强其基础技能的培养;而对于兴趣浓厚的学生,则可以鼓励其参与更高级的体育活动或竞赛,以培养其体育专长。通过这种个性化的教学方法,不仅能够更有效地满足学生的学习需求,激发其学习热情,还能促进学生的自主学习与创新思维培养,为其全面发展打下坚实的基础。

（二）循序渐进教学规律

在高等教育体育教学领域,遵循循序渐进的教学原则是至关重要的。该原则要求教学活动应按照由简至繁、由浅入深的逻辑顺序进行,以促进学生技能的逐步发展和提升。

在制订体育教学计划和设计课程内容时,教师首先需要对学生的技术水平和认知水平进行深入了解。然后以此为依据,设计体育教学的内容,安排教学过程,其中始终要遵循的就是循序渐进的原则。体育运动队技术性极强,而且还需要强大的身体素质作为运动基础,因此体育教学是一个相对复杂的过程,需要同时兼顾多个因素,但最终的目的是在现有的素质基础和技能基础之上,发展学生体育综合素质。

从生物学的角度来看,人体各项机能的发展也同样遵循着循序渐进的原则,因此,体育教学必须符合生物演化的基本规律,才能保证体育教学的顺利开展。具体来说,教师在选择教学内容时,其难度应该稍微高于学生现有的水平,需要一定的努力才能真正掌握,不能选择难度过大的内容。因为,远远超出他们能力范围的教学内容,很容易让学生产生望而却步的心理,并且还可能损伤学生的自信心,还没有努力就开始否定自己,这对他们将来的发展是极为不利的。相反,应该鼓励学生多尝试,并有信心通过合理的努力实现目标,这才是培养学生养成积极进取心态的正确方式。

在教学实施阶段,教师应采用分步骤的方法,从基础技能开始,逐步引导学生掌握更复杂的技能。此外,循序渐进的教学原则还强调了教学过程中的连贯性和逐步深入。教师需要确保教学的各个环节之间是具有内在联系的,让学生能顺利过渡到新的学习任务中,并充满信心。在连续的学习过程中,让学生逐渐积累经验,逐步提升技能水平,实现循序渐进的成长目标。

总的来说,循序渐进原则是高校体育教学中一个至关重要的教学原则。遵循这一原则,教师可以更有效地引导学生逐步掌握体育技能,提高他们的体育素养,最终达到高校体育教育的培养目标。

(三)先基础后技能规律

任何体育运动,都需要扎实的身体素质作为基础,体育技能的掌握离不开良好的基础训练。高校体育教学规律中的先基础后技能规律,是确保学生有效掌握体育技能并持续发展的重要基石。基础训练不仅包括基本动作技能的掌握,还涉及身体素质的提升,通过扎实的基础训练,为后续的技能学习提供稳固的支撑。

在最新的教育动态中,高校体育教学正逐渐重视起身体素质与技能训练的有机结合,以实现更优的教学成效。以篮球为例,学生在掌握篮球运动的基本技巧之前,首先需通过体能训练提升自身的耐力、速度和灵活性等身体素质。这些基础训练不仅为学生后续学习复杂战术和团队配合打下坚实的基础,也是提高篮球技能的关键步骤。

报道指出,高校体育教学应遵循"先体能,后技能"的教学顺序。在教学初期,教师应将重点放在学生的身体素质提升上,通过科学的体能训练方法,增强学生的体质。随后,教师需根据学生的个体差异,制定个性化的教学计划,采用示范、讲解和实践相结合的教学策略,引导学生逐步掌握篮球的基本动作技能。

此外,教师在教学过程中还需注重学生技能的逐步提升。在学生体能基础稳固之后,教师应适时引入篮球运动中的运球、传球、投篮等基本动作教学,以及引入对更高级的战术理解和团队协作能力培养。通过这种循序渐进的教学方法,学生不仅能够在篮球技能上取得进步,更能在身体素质上得到全面提升,为未来的竞技和团队合作奠定坚实的基础。

二、高校体育教学原则

（一）身心发展原则

体育教学具有促进学生身心全面发展的基本特征，因此，高校的体育教学也以促进青少年学生的身心发展为基本原则。高校的学生正处于步入社会的最后准备阶段，此时，他们必须做好身心的准备迎接未来生活的种种挑战。因此，在高校的体育教学中，必须首先以遵循促进学生身心发展为基本原则进行。

1. 身体健康知识教育的重要性

体育教师应当强化对学生进行身体健康知识的传授，以提升学生对体育锻炼重要性的认识。通过教育，学生可以了解到规律性体育活动对于促进身体健康、预防疾病、提高生活质量的积极作用。

此外，为了巩固学生的健康观念，还需要帮助他们建立相应的行为习惯。比如，教师可以鼓励学生从自己的兴趣出发，在日常生活中养成一些科学的锻炼习惯。或者从自身的实际需要出发选择合适的体育活动作为经常性的锻炼内容。女同学可以从健美操、慢跑、瑜伽做起，既能塑形减脂，还能督促自己形成规律、健康的饮食习惯。男同学可以打篮球、踢足球，或者进行搏击训练，从而锻炼出健硕挺拔的身材，促进自信心的建立。然而，这些都需要一定健康知识的支持，并结合长期的体育运动，从而逐渐形成健康的生活方式。

2. 体育教学活动的育人价值

体育教学活动可以提高学生的综合素质，从德智体美劳多个方面入手，因此具有重要的育人价值。这就需要体育教师在教学过程中，一方面要传授体育技能；另一方面还要注意对学生综合素质的培养，通过体育训练，将坚强、勇敢、正直、乐观的优良品质内化为学生的德育素养。同时，通过让学生全身心地投入体育训练，而感受体育的健康之美、力量之美和速度之美,这些都只有在亲身参与体育活动的过程中才能深刻体会到,无法通过语言的描述传达。因此,在体育教学中,教师要善于现场教学,随时随地引导学生认识和感受体育的多重价值,进而达到育人的目的。

3. 全面型人才的培养

体育教学应致力于人才的全面发展,培养学生综合素质的不断提高。因此,在体育课堂上,体育教师肩负着重要的使命,不仅要科学训练学生的身体素质和运动技能,同时还要借助体育教学的机会,进行道德情操的升华。比如,通过篮球、足球等集体项目,培养学生的集体主义精神和团队协作能力;通过长跑等耐力训练,激发学生的毅力和自我鞭策能力;通过健美操、体操等项目引导学生对美的认识和欣赏;等等。

总之,通过体育教学能够带给学生多方面的成长机会,但是最终效果还需要体育教师投入更多的精力和耐心,并在言传身教中将教育化为无形的影响力。

(二)精讲多练原则

精讲多练原则,强调的是讲解要精炼,避免冗余、词不达意,需要体育教师做好充分的备课,并对将要讲授的内容了然于心。同时,多练是指体育课主要是通过大量的练习来完成教学,让学生通过亲身实践来感受体育运动的美。并且在教师的指导下,循序渐进地掌握运动知识和技能。为了达到以上目的,需要体育教师严格要求自己,平日里加强练习,不仅要加强体育专业知识技能的练习,还要不断提升自己的语言表达能力,用精炼的语言将教学目标和动作技术要领迅速传达给学生,并能够指导学生积极训练,对他们遇到的问题能够及时给予解答和指导,实现理论与实践的完美结合。这种原则既强调了讲解的重要性,又确保了实践的需求,充分激发了师生双方的积极性。

(1)教师的讲解必须言简意赅,紧扣教学核心。讲解内容应围绕教学目的和要求,突出技术重点和难点,避免冗长和繁琐。年轻教师不妨向经验丰富的同行请教,以优化自己的讲解方式。

(2)在"多练"方面,要确保练习的质量和多样性。体育技能的习得离不开大量的实践练习,因此教师需要为学生设计高效的练习方法。同时,采用多样化的练习方式,如重复练习、间隙练习、游戏练习等,以满足不同学生的需求。

(3)值得注意的是,"多练"并不意味着盲目地重复。学生在练习过程中应积极思考,总结每次练习的经验教训,逐步提升练习效果。此外,教师的科学指导在"多练"环节中至关重要。教师的点拨与反馈能帮助学生更快地掌握技能,优化训练效果。

(三)安全卫生原则

在高等教育体育教学领域,针对体育活动的安全与卫生特性,特别引入了"安全卫生"的教学原则。该原则的核心在于,在体育教学的各个环节和实际操作中,必须将学生的运动安全与卫生置于首位,积极采取预防性措施,并制定详尽的安全保障计划,以最大程度地降低学生在体育活动中可能遇到的身体伤害风险。

1. 安全与健康理念的确立

体育教学安全问题始终是高校体育教学中的一个关键议题。尽管政府机构和学校管理层已经对学生在体育活动中的安全与卫生问题表现出了高度关注,但体育伤害事件仍然偶有发生。因此,体育教师在教学过程中应持续保持警觉,始终将学生的安全健康作为教学的首要考量。

2. 教学安全措施的实施

教学安全是体育教学的重要原则,由于体育活动潜藏着许多危险,比如因身体素质不佳而引发身体的某些不适,或者因技术掌握不当而发生运动损伤,或者因为场地设施的损坏或者故障而导致发生运动意外等。为了杜绝以上现象的发生,教师应在课程开始前就做好充分的准备,包括在上课前认真检查各种运动设备的安全性,对教学场所进行安全排查,对一些器具进行必要的清洁和整理等。另外,在组织训练时,还应密切观察学生的实践情况,发现不良情况应及时制止和纠正,避免运动损伤的发生。同时,在组织户外活动时,应事先了解当地的天气情况,如果有大风、暴雨等情况,应选择室内进行。

通过这种严谨的安全教学原则和措施的实施,高校体育教学能够为学生提供一个既安全又卫生的学习环境,促进学生身心健康的全面发展,同时也保障了体育教学活动的有效性和可持续性。

第四节 高校体育教学的内容与方法

高校体育教学的目标主要通过教学内容和教学方法来具体实现,科学选择、组织教学内容,选择合理的教学方法并与时俱进,及时对其进行更新与优化,就能保证高校体育教学的迭代与提升,从而适应社会和时代对高校体育教学提出的要求。

一、高校体育教学的内容

(一)高校体育教学内容的选择

1.高校体育教学内容的选择范围

在选择高校体育教学内容时,明确其范围是关键。通常,我们可以将其划分为运动参与类、体育知识与技术类,以及体育活动经验类三个主要方面。

(1)运动参与类
①参与人数的分类
根据参与体育活动的人数规模,可将运动分为个人运动与集体运动两大类别。个人运动侧重于个体技能的展示与精进,而集体运动则侧重于团队协作与协调能力的培养。

②情感状态的分类

依据参与者在活动中的情感体验，可进一步将运动参与细分为接触与接受、爱好与兴趣、自愿与自觉、自信与表现等多个维度。这些维度反映了学生在体育活动中的心理适应与情感发展。

③解剖部位的分类

从人体解剖学角度考虑，运动参与可被分为上下肢运动、躯干运动及全身运动等类型。这种分类有助于深入理解人体在运动过程中各部位的功能与特性。

④基本动作方式的分类

根据人体在活动中的基本动作模式，可将运动参与细化为走、跑、跳跃、投掷、攀登、爬越、悬垂支撑和平衡、角力等多种基本动作类型。这些基本动作是体育活动的根本，对学生运动技能的提升具有基础性作用。

（2）体育知识与技术类

①传统运动方式的分类

依据体育运动的传统分类，体育知识与技术内容可被划分为球类、体操、田径、游泳、冰雪等不同领域。每个领域均有其独特的技能要求和知识体系，为学生提供了广泛的学习机会。

②运动结果评估标准的分类

根据评估体育运动表现的标准，体育知识与技术内容可被分为评分式、计数式、计时式和测量式等类型。这些评估标准不仅用于评价学生的运动成绩，也有助于他们深入理解和掌握运动技巧及规则。

③运动与外界互动的分类

从运动项目与外部环境的互动关系出发，体育知识与技术内容可被分为开放式运动与封闭式运动。开放式运动强调运动员对环境的适应性，而封闭式运动则侧重于技术动作的精确性和规范性。这种分类有助于学生理解不同运动项目的独特要求。

（3）体育活动经验类

①从体育活动对人体代谢过程的影响角度分析，可以将其划分为有氧运动和无氧运动两大类。有氧运动非常有助于提升人的心肺功能，对于提升免疫力、优化氧气利用效率非常有效，常见的有氧运动包括慢跑、游泳、快走等。无氧运动是指那些以提升肌肉力量为主要目的的运动，比如举重、短跑冲刺等，经过一段时间的无氧运动训练，能够显著提

升人体的力量和爆发力。

②依据运动素质分类还可以分为速度、灵敏、力量、耐力、柔韧等多个方面。这些素质不仅构成了学生体育能力的基础,也是评价其运动表现的重要指标。

③从体育活动在防病治病方面的效果出发,我们还可以将其划分为养生、健身、防病、治病、康复等多个内容。这些活动不仅有助于增强学生的体质,还能有效预防和缓解一些常见疾病。

2.高校体育教学内容的选择标准

(1)以体育教学目标为基本依据

高校体育教学内容是服务于教学目的的,因此在选择教学内容时,首先应考虑的是哪些内容更符合体育教学目标的要求,哪些内容能更好地完成教学任务。在这样的指导下,能够保证所选择的教学内容不仅不会偏离教学目标和教学任务,在此基础上,科学选择教学内容将使体育教学过程获得成功的一半。因为只有实现教学目标,才能更好地满足学生的学习需求,提升他们的体育素养和技能水平,进而实现高校体育教学的整体目标。

(2)以学生的实际运动水平为依据

在选择高校体育教学内容时,我们必须充分考虑学生的实际运动水平,确保所选内容既具有挑战性又不过于超出学生的能力范围。这就需要体育教师对学生的基本情况有着透彻的了解,并且对学生的基本运动兴趣也了然于心,在这样的前提下,才能切实选择恰当的教学内容,既能满足发展学生运动水平的目标,又能充分调动起学生的学习热情。在教学中,还应主要控制教学内容的难度,既不能过于复杂,也不应过于简单,而是选择难度适中,最好是从学生的最近发展区开始,这样最有利于调动起学生的求胜心理,又不会打击他们的学习积极性,因此常常能获得较好的教学效果。

此外,还不应忽视学生的学习兴趣对教学的影响,因此应优先选择学生感兴趣的那些教学内容,因为兴趣是最好的老师,是学生学习的最佳驱动力,如果体育教师能够从学生感兴趣的内容着手,将取得事半功倍的效果。并且,在兴趣的不断刺激下,会激励学生在这条道路上越走越远,从而能够深入地探索个人的潜能,发展出较强的运动技能。既轻松实现体育教学目标,也培养了学生长期进行体育活动的良好习惯。

（3）教育价值与学校特色相结合

作为人口大国,且是多民族聚居的国家,在不同的地区,学生的日常生活方式和体育文化存在着较大的差异。在这样的背景下,高校在选择体育教学内容时,应充分考虑到民族、文化、信仰和习俗的因素,要保证体育教学价值和学校所在地区的地域文化相适宜。尤其在少数民族地区,很多民族都有其浓厚的传统体育文化习俗和悠久的民族信仰。出于国家对少数民族文化的保护,在选择教学内容时,应考虑到这些因素,并给予足够的重视,即在少数民族聚集区,保留一些传统体育教学项目,从而落实对传统体育文化的保护和传承。

另外,由于我国各个地区的经济发展程度不同,导致不同地区的学校教学资源分布也存在明显差异。因此,在选择教学内容时,还应充分结合各个学校的实际师资力量、场地设施情况,以及气候、海拔等情况,进行全面考虑,最终选择出最适合的教学内容。

①地区与校际差异的考量

从学校所处地区的文化习俗、民族传统等角度出发,进而选择最适合各个学校自身特点的教学内容。尤其是少数民族地区,应充分尊重其民族传统体育文化,在体育教学中应加入相关的内容,使少数民族文化得以保护和传承。另外,不同的学校之间往往也存在着显著的差异,这部分也应引起重视,应切实做到立足自身,选择最适合的教学内容以满足学生的学校需求。

②实用性与可操作性

教学内容的实用性和可操作性也同样重要。这一点主要体现在一些经济欠发达地区的学校,由于其场地设施、教师数量和水平的不足,有些教学内容无法实现,这时候就需要从现实情况出发,以自身能够达到的水平为重要依据,选择那些能够充分实现的教学内容,从而保证学生的学习活动是充分的,而不会因为硬件设施不足而大打折扣。

③终身运动的视角

对于大学生而言,体育教学的终极目标就是让学生培养出终身运动的意识和习惯,从而才能保证他们拥有健康的体魄,能够发展自己热爱的事业,开展各种感兴趣的活动。因此,教师在选择体育教学内容时,应从终身运动的角度出发,而不是发展学生的运动技能出发。因为对于普通高校的学生而言,他们并不需要成为某一项运动的专业运动员,不需要掌握高精尖的运动技巧。但是他们需要通过体育运动来保持健康的身心状态。因此，培养浓厚的运动兴趣，发展出较好的身体素质对他们更有意义。这意味着教学内容应有助于学生建立长期参与体育活动的意识，以及在不同生活阶段和环境中维持健康生活方式的能力。这些教学内容不仅要在学生在校期间发挥教育作用，还要能够延续到学生毕业后的生活。

④内容的连贯性与延续性

高校的体育教学应该选择那些具备连贯性和延续性的教学内容，如此才能使学生将在学校所学的知识和技能，带到毕业后的生活中，并指导自己开展长期的运动锻炼，或者发展新的体育兴趣。

(二)高校体育教学内容的组织

在高等教育领域，体育教学内容的组织与安排应当体现教学功能与育人功能的有机融合。在传统观念中，体育教学的目的多被局限于学生对运动知识和技能的掌握。然而，随着体育教学理念的演进与改革的深入，体育教学在促进学生全面健康方面的育人价值逐渐被提至重要位置。

《大学生体育合格标准》的制定与实施，体现了我国教育政策对于体育教学内容认识的深化与拓展。该课程标准突破了以运动项目为唯一划分依据的局限，将体育教学内容划分为运动参与、运动技能、身体健康、心理健康和社会适应五个核心领域。这五个领域相互交织，形成了一个多维度、综合性的教学内容体系。

在这五个领域之中，存在两条显著的主线：

(1)体育运动文化传承，该主线贯穿于运动参与和运动技能两个领域，其核心目标是通过体育教学，使学生深入理解体育运动的文化价值，掌握必要的运动知识和技能，从而传承并弘扬体育运动的精神与文化。

(2)学生健康促进，该主线覆盖身体健康、心理健康和社会适应三个领域，其宗旨是通过体育教学活动，全面提升学生的身心健康水平，增强其社会适应能力，以更好地应对社会生活的挑战。

通过这种结构化的教学内容安排，高校体育教学不仅能够传授体育运动的知识和技能，还能够在促进学生身心健康、培养其社会适应能力方面发挥重要作用,实现教学与育人的和谐统一。

二、高校体育教学的方法

(一)高校体育教学方法概述

高校体育教学方法是指在体育教学过程中,教师和学生为达成体育教学目的、完成教学任务而借助的某些有效措施,可能会通过一些互动的方式,让学生理解和掌握相应的体育知识与技能。简单来说,教学方法一般是由三个方面构成。首先是以教学目标为指导,其次是要具有具体的教学策略,最后是合理利用某些教学工具。以上三点共同构成了教学方法,当然也是选择教学方法的依据。

(二)高校体育教学方法的分类

在高等教育体育教学中,教学方法的分类对于提高教学效果和满足不同教学需求具有重要意义。以下是对高校体育教学方法分类的学术风格改写。

1. 教学内容导向的分类

高校体育教学法可根据内容分为理论知识型和技能训练型,以便教师根据教学内容选择最合适的教学策略。

2. 教与学互动的分类

从教师教学和学生学习两个角度,体育教学法可进一步细分为教授法与学练法,或指导法与练习法,以优化教与学的互动并提升教学效果。

3. 信息性质与功能分类

体育教学法可根据信息的性质和功能分为基本信息手段和辅助信

息手段,以明确各教学法在信息传递和功能实现上的差异。

4. 教学方法本质的分类

从体育教学法的本质来看,可将其分为教育学通用方法和体育学科特有方法,以认识其独特性和专业性,并有效利用这些方法促进学生全面发展。

(三)高校体育教学方法的选用

1. 依据教师与学生的特点

首先,教学方法是教师的"工具",是教师实现教师任务的途径,因此,在选择教学方法时,应符合教师自身的实际情况,比如与教师自身的性格特点、身体条件以及兴趣相适合,只有教师在教学中感觉得心应手,能够充分表达和实现教师的教学意图,才能具有较好的教学效果。因此,教师是选择教学方法的一个重要依据。

其次,学生是教学方法的直接接受者,他们的各种因素也是选择教学方法的另一重要依据。比如学生的年龄、性别、性格和运动基础等,都是选择不同教学方法的参考因素。

2. 依据学校的具体情况

教学方法还须在适当的硬件条件下实施,因此,学校自身的实际情况也是选择教学方法的依据之一。比如在高原地区,其教学方法就与平原地区不同。处于经济欠发达地区、教学环境较为简陋的学校,就只能选择一些基础、简单、好操作的教学方法,而教学条件先进的学校就会优先选择更有科技含量的教学方法,这些差异在实际教学活动中是不可避免的。因此,教师应具有灵活处理的能力,立足学校的实际情况,选用最有效的教学方法进行教学。

第五节　高校体育教学发展概况

当前我国高校体育教学发展,整体上呈现出不断进步与提升的态势,能够满足国家对高校体育教学的基本要求,对提升我国青年学生的整体健康素质水平和运动能力发挥着越来越重要的作用。本节将针对高校体育教学在几个重要方面的发展演变做出较为详细分析。

一、高校体育教学理念的发展

(一)转变应试思维,加强全面育人

在新时代背景下,体育教学活动应当顺应新的价值观念,进行深入的改革。高校应深化思想认识,摒弃传统的应试思维,高度重视体育教学改革,并动员全体教师积极参与其中,以适应时代发展的要求。由于教师在教学活动中扮演着关键角色,并对学生产生深远影响,因此,教师的价值观念将潜移默化地影响学生的体育价值观。

为了确保体育教育的有效性,高校体育教学应致力于促进学生的体质、心理和社会性的全面发展。这不仅是体育教育的根本目标,也是培养新时代全面发展人才的重要途径。通过深入改革和实践,我们可以推动高校体育教学向更高水平发展,为培养更多优秀人才贡献力量。

(二)转变师生关系,以学生为主导

当前的高校体育教学正逐步转向以人为本、以学生为主体的教学理念,这与过去单纯强调提升学生身体素质的教学方式有着显著不同。如今的教学更加注重人性化,紧密围绕学生的运动兴趣展开,旨在发展和培养学生的个性化运动需求。摒弃以往一味追求考试达标这一僵化的教学思维,转而尊重每个学生的自身发展需求。学校的主要职责转变为为学生提供全方位的指导,创造有利于体育学习的各种条件,努力使体育教学与学生的学习需求达到良好的平衡状态。这一转变得到了学生的广泛认可和一致好评,体现了高校体育教学在理念和实践上的双重进步。

二、高校体育教学目标的发展

(一)体育教学目标发展现状

体育教学目标的设定与实施,是教师日常教学活动的核心指南,其影响深远,直接关系到高校体育教学的发展走向。

回顾2002年颁布的《全国普通高等学校体育课程教学指导纲要》(以下简称《纲要》),其中明确提出了体育课程教学的五大目标领域:心理健康目标、身体健康目标、社会适应目标、运动参与目标以及运动技能目标。这些目标的提出,正是对社会多元化需求的积极回应,旨在全方位提升学生的身心素质,为高校体育教师的实际教学提供了明确的方向。

值得一提的是,不同的高校教师在理解和实施这些体育教学目标时,往往会融入个人的教学理念和经验,形成各具特色的教学风格。这种差异性的理解和实践,不仅丰富了体育教学的内涵,也促进了体育教学活动的不断创新与发展(表1-1)。

表1-1 高校体育教师对教学目标的认识(N=140)[①]

排序	教学目标	频数	频率%
1	掌握体育锻炼方法,树立终身体育观念	107	76.4
2	调节情绪,劳逸结合	88	62.9
3	掌握体育保健知识,树立健康第一的观念	77	55.0
4	培养学生的社会适应能力,合作精神	76	54.3
5	掌握运动技能,提高运动技术	46	32.9

---

① 蔡维. 广东省民办高校体育教学现状与对策研究[D]. 广州大学, 2013.

(二)深度挑战课程目标

在现代科学体育教育教学思想的指导下,高等教育机构的体育教学改革正致力于坚持以人为本和人文关怀的核心教育理念。改革的核心在于科学合理地设定"学习领域目标"和"课程目标",以确保教学活动的高效率和实际效果。随着社会和文明的进步,越来越多的高校体育教学开始重视学生个性化的发展需求,尊重学生个体差异,挖掘并激发每个学生的潜力。因此,现代社会对体育教学目标的发展更倾向于促进学生在身体、心理和社会适应能力等多方面的全面、自由发展。对此,高校体育教学目标一直在积极调整和优化,旨在适应并推动体育教学的持续发展与创新,这不仅是高校体育教学改革的关键路径,也是整个体育教学体系改革至关重要的组成部分。

通过这种以学生为中心的教学改革,高校致力于促进这种改革的目的在于培养具有创新精神和实践能力的优秀体育专业人才,以期为社会的发展和进步作出积极贡献。

(三)重视学生体育素质的培养

为切实推进素质教育在高校体育教学中的实践应用,当前我国高校非常重视培养学生的体育素养水平。体育教学不仅要致力于提升学生的身体素质和体质水平,更要关注其心理健康和社会适应能力的全面发展。

在实际操作中,高校体育教学已经打破体育课堂教学的局限,且积极拓宽教学范围,延伸到课外。通过举办形式多样的体育教学活动和丰富多彩的体育文化活动,全面推动学生身心的健康发展。这些活动不仅能够提升学生的体育文化素养,而且对有效激发学生主动参与体育运动的热情也有显著的提升。

通过这样的教学模式,大学生将能够更深入地学习和掌握体育知识与技能,增强体育锻炼意识,使体育锻炼成为他们日常生活的一部分,进而实现终身体育的目标。这样,我们才能真正培养出具备全面体育素养的优秀人才,为社会的健康和谐发展贡献积极力量。

三、高校体育教学方法的发展

随着体育课教学体系的日益成熟和完善，其教学方法也经历了不断的演进和丰富。从最初的运动训练方法和传统的传授式教学，逐渐发展成了具有鲜明特色的教法体系。与此同时，随着科学技术的不断进步以及教育学、心理学等学科的深入发展，体育课教学方法正展现出一种全新的发展趋势，呈现出更加多元化、科学化和人性化的特点。

（一）高校体育教学方法趋向个性化

高校体育教学正逐步向个性化方向迈进，这标志着教学方法的重大进步。鉴于体育学习成效与学生的个体身体条件和素质紧密相连，传统的以教师为中心的教学模式，侧重于统一化和标准化，这在某种程度上抑制了学生个性的充分发展。因此，迫切需要根据学生的个体差异实施差异化教学，以更好地满足不同学生的具体需求。

个性化教学法的兴起，不仅促进了学生学习成效的提升，也彰显了教育公平的理念。它承认每位学生的个性，使得体育教学更加贴合学生的实际情况，并与他们的身心发展规律相协调。此外，个性化教学法还能有效激发学生的学习热情和积极性，鼓励他们在体育学习中最大限度地发挥个人潜力，实现自我价值的最大化。

（二）高校体育教学方法趋向自主化

随着教学模式的逐步自主化，教师的角色正在经历从传统主导者向现代指导者的重要转变，而学生的自主探究学习则成为体育教学的核心要素。

自主化的高校体育教学法正变得越来越重要。学习的自主化就是激发学生的自主性和自发性，而不是被动地接受教师的灌输，导致以考试成绩为衡量标准的机械模式。随着素质教育的不断贯彻，高校鼓励学生自主参与体育教学的设计和选择，通过选择个人喜欢的运动项目，通过个人的探索和实际操作来理解和掌握体育相关知识与技能。这种方法是教学理念进步的显著体现，不仅有助于培养学生的体育兴趣，还会促进学生的独立思考能力和创造力提升,为他们日后参加工作作好准备。此外,自主化教学还能够深度挖掘学生的潜力,从根本上提升学生的身体素质,使他们在体育学习过程中表现出更高的参与度和专注力。

因此,我们应当积极推动和实施自主化的体育教学策略,为学生营造一个自由、开放且充满挑战的学习氛围,从而促进他们多方面的素质发展。

(三)高校体育教学方法趋向心理学化

提升体育知识和运动技能是一个包含丰富心理层面的复杂过程。随着心理学研究的不断深化,其对体育教学法的影响也变得越来越重要。体育心理学和运动心理学专家现在不只是对体育教学进行心理学分析,而是开始应用心理学研究成果来阐释运动学习的深层机制,这些成果正逐渐被纳入体育教学法的革新之中。

例如,分散学习与集中学习的研究为教师在分解教学和整体教学之间做出选择提供了理论支持。又如,心理念动理论的进展使得念动训练可以被纳入体育教学,协助学生更有效地掌握运动技巧。这些例证都体现了心理学在体育教学法中的实际应用,标志着高校体育教学法正逐步与心理学研究相结合。

这种趋势不仅提升了体育教学的科学性和有效性,也为学生提供了更加个性化、符合其心理发展特点的学习体验。未来,随着心理学研究的进一步深入,我们有理由相信,高校体育教学方法将更加科学化、系统化,为学生的全面发展提供有力支持。

(四)高校体育教学方法趋向现代化

随着高校体育教学的不断进步,现代化已经成为体育教学方法的一个显著发展趋势。这种现代化主要体现在教学设备的更新换代上。举例来说,录像技术已经逐渐融入体育课堂,它拓宽了学生的视野,让他们能够领略到体育教学空间以外的精彩世界,感受到那些在课堂上难以亲身体验的体育魅力。同时,计算机辅助教学的应用也日益普及,各种精心制作的教学课件,将体育教学带入了一个全新的感知领域,使得学生能够更加直观、深入地理解体育知识和掌握技能。

尽管受到体育教学特殊性的制约,高校体育教学方法的现代化进程相对较慢,但这并不妨碍它成为教学方法发展的重要方向。随着科技的持续进步和教育教学理念的更新,我们有理由相信,高校体育教学方法的现代化步伐将不断加快,为提升教学质量、促进学生全面发展注入新的活力。

四、高校体育教学内容的发展

当前,我国各大高校正积极对体育课程内容进行深入的改革,力求在课程内容的选择上充分体现体育的健身与休闲功能,以满足学生的多元化需求。

现代高校的学生,特别是 90 后、00 后群体,他们思维活跃、兴趣广泛,对体育课程有着自己独到的喜好。男生往往偏爱充满竞技性的对抗运动,而女生则更倾向于能够塑造形体的运动。

五、高校体育教学条件的发展

(一)体育教学场地情况

1. 体育场地建设的挑战

其普遍存在于普通高校中的体育场地建设问题,特别是场地数量不足和面积有限,已成为制约学生体育锻炼需求满足的主要因素。资金紧张的局面使得许多学校在建设大型运动场地,如建设符合国际标准的网球场地时显得力不从心。这种现状导致学生在体育运动项目的选择上较为有限,对于新兴和先进的体育项目接触和了解机会较少。

2. 运动场馆功能单一化问题

尽管国家体育教育部门和各高校管理层对体育教育的重视程度不断提升,且已投入大量资金用于场馆建设和器材购置,显著提高了场馆设施的水平,但随着学生生活品质的不断提高,他们对体育运动的需求也日益增长,对场馆的多功能性和综合性提出了更高要求。目前,高校的运动场馆仍以单一功能性为主,未能全面适应学生多样化的运动需求。

3. 运动场地使用率的不均衡

在高校中,不同类型运动场地的使用频率存在较大差异。篮球和田径场地因其普及性和多样性而广受欢迎,使用率高;相比之下,足球场地的使用情况则显得较为冷清,未能充分利用。这种使用上的不均衡在一定程度上反映了资源配置的不合理,造成了体育资源的浪费。由于足球场地占地面积大,租金成本也相对较高,其低利用率使得学校在资金投入方面受到了一定程度的制约。因此,如何优化运动场地的使用和管理,提高各类场地的利用率,是当前高校体育场馆建设和管理中亟待解决的问题。

(二)体育教学器材情况

随着国家对体育教育重视程度的不断提升,各高校纷纷加大对体育设施建设的投入,体育器材的配备也逐渐完善,成为学生日常锻炼和休闲娱乐的重要组成部分。然而,现阶段体育教学器材的使用和管理仍存在一些问题。

(1)当前,高校体育器材设备的更新普遍滞后。调查结果表明,大多数高校的体育器材使用年限已超过两年,而只有少数器材维持在良好状态且质量合格。这种情况不可避免地对学生的锻炼效果和运动体验产生了负面影响。

(2)鉴于学生人数众多,体育器材的日常使用率高,使得器材的维护工作变得更加具有挑战性。特别是那些易于损坏且经常需要移动的器材,如羽毛球拍和网球拍等,经常出现供不应求的状况。即便学校已经配备了一定数量的器材,也难以充分满足学生的实际需求。因此,学校需要增加对体育器材维护的投入,以保障学生体育锻炼的正常进行。

(3)学生对多样化体育项目的需求与学校现有器材资源之间存在一定矛盾。由于学校在了解学生需求方面缺乏深入的调研和沟通,导致无法及时更新和补充学生所需的体育器材,这在一定程度上限制了教师在制定教学计划时满足所有学生锻炼和学习需求的能力。为了缓解这一冲突,学校应当以学生的身体和心理健康为出发点,加强与学生的互动,及时掌握他们的体育活动偏好,并据此合理配置相应的体育器材。

六、高校体育教学评价的发展

高校体育教学的发展离不开教学评价的持续完善,它不仅是教学工作的重要组成部分,更是推动高校体育教学不断进步的关键环节。具体体现在以下几个方面。

(一)评价内容实现多元化

以往的教学评价十分单一和僵化,这在某种程度上制约了教学活动的有效开展。比如,以前的教学评价非常注重学生的考试成绩,这种以结果为导向的评价理念,长期下来会对学生形成错误的引导,是在教导学生只要结果,不管过程,并潜移默化地让他们形成单一、功利的价值观。为了扭转这一现象,当前的教学评价不仅要考核学生的学习成果,且要更加重视学生的学习态度、学习过程中的表现,特别是当学生遇到瓶颈或者困难时是否能够积极克服困难,都是衡量一个优秀人才的重要标准。将这些因素纳入体育教学评价体系,是体育教学不断进步的体现,对推动我国高校体育教学的发展具有重要意义。

(二)评价主体实现多元化

尽管教师的评价对于衡量学生的发展至关重要,但这一视角并不足以全面评价学生。为了获得关于学生发展的更全面了解,必须引入多元化的评价参与者。例如,实施同伴评价机制,让学生相互评价,这能够从不同的视角揭示学生的学习进展和课堂表现。同时,家长的评价也是不可或缺的,通过家长的观察反馈,教育者可以更深入地了解学生在家庭环境中的体育学习情况。

通过这种多角度评价主体的融合,可以更全面地评估学生的体育学习,识别并解决学生在学习过程中遇到的难题,从而优化教学方法。这种评价体系不仅能更真实地映射出学生的学习状态,还能促进教师、学生以及家长之间的互动与协作,共同为学生的全面进步提供支持。

七、高校体育教学环境的发展

良好的教学环境是体育教学持续发展的基石,对于高校体育教学而言,其发展不仅聚焦于教学本身的改进,更需注重环境建设的提升。

首要之务,便是夯实教学物质设施基础。优化体育教学环境,重中之重在于改善体育物质条件。优质的体育教学场地、设施及器材,不仅能够为教师的教学和学生的学习提供有力保障,还能有效预防意外事故的发生,确保师生在安全的环境中进行体育活动。

此外,高校体育教学的发展与完善还需关注校园体育文化的建设。校园体育文化建设涵盖多个层面,一个健康的体育文化氛围能够为学校营造积极的体育学习和参与环境。在这样的氛围中,师生们的体育参与热情将被充分激发,进而吸引更多的学生投身于体育活动之中。当整个校园弥漫着浓厚的体育热情时,体育教学活动的开展将更为顺畅,学生们也将更加积极主动地参与学校组织的各类体育运动。此时,体育活动参与和学习不再仅仅受教学目标与任务的驱使,而是成为师生们内化于心的行为习惯。

八、高校体育教学中存在的问题

(一)体育教学资源的单一性

(1)高校体育教学与市场需求之间脱节,导致体育资源配置不合理。

(2)社会快速发展,体育市场需求不断变化,高校需结合市场需求合理调配体育资源。

(3)康瑞鑫在《高校体育教学现状及创新策略》中强调,高校体育人才培养应服务于社会,需关注市场动态,调整教学策略,以提升人才培养质量。

（二）体育教学方法的单一性

（1）许多高校体育教师教学方法传统化，缺乏创新，教学流程固定。
（2）传统教学模式使学生被动学习，师生互动不足，影响学习质量和学生兴趣。

（三）体育教师个人能力不足

（1）体育教师受传统观念和竞技体育模式限制，能力上存在欠缺。
（2）教学观念陈旧，未能适应素质教育下的体育教学变革。
（3）体育教师知识体系缺乏系统性，影响教学质量和课程专业性。

第二章 体育教学模式的基本理论与科学构建

体育教学模式是体育教学须遵循的、具有某种特定设置和标准的教学方式,在不同国家、不同时代甚至不同的地区都具有不同的特点,因此研究体育教学模式需要对其基本理论进行梳理,然后才能科学选择和构建与实际情况更加相符的教学模式。

第一节 教学模式概述

一、体育教学模式的概念

关于体育教学模式的概念,目前学术界尚未形成统一的定论。我国学者在探讨体育教学模式时,研究角度丰富多样,不同学者对其理解各异,因此在概念描述上各有侧重。在我国,关于体育教学模式的概念描述中,存在几种具有代表性的观点,它们分别从不同角度对体育教学模式进行了深入剖析和阐述。这些观点为我们更全面地理解体育教学模式提供了宝贵参考。

（1）方建新和俞小珍研究认为,"体育教学模式是在体育教学思想指导下,典型、稳定的课堂教学结构"。

（2）吴涛认为,"体育教学模式是体育教学思想指导下,相对稳定、系统、理论的教学模型"。

（3）杨楠认为,"体育教学模式是一种活动策略和方式",是"一种教学过程和方法体系"。

（4）毛振明指出,"体育教学模式是在体育教学理论、思想指导下的一种教学活动模型"。

（5）李杰凯表示,"体育教学模式蕴涵了特定教学思想,以实现教学目标为根本,在特定教学环境下对体育教学活动的框架的操作性安排"。

（6）樊临虎指出,"体育教学模式是在一定教学思想或理论指导下建立的体育教学活动范型"。

简单来理解,体育教学模式以特定的体育教学思想为指导,是一种稳定的教学程序,终极目的是完成体育教学目标。[①]

二、体育教学模式的分类

自新的课程标准发布以来,教学目标的表述方式发生了显著变化。以往的教学目标主要聚焦于"增强体质、掌握三基、思想品德教育"这三个核心方面。然而,在新的课程标准下,体育教学目标得到了更为全面和细致的拓展,现在它涵盖了"运动参与、身体健康、运动技能、心理健康以及社会适应能力的发展"这五个维度。因此,体育教师在实际教学中,需要紧密结合这些具体的教学目标,精心选择适合的教学模式,以确保教学目标的实现,并促进学生的全面发展。

第二节　体育教学模式的特征、功能与结构

体育教学模式一般可以从其特征、功能和结构进行分析。

一、体育教学模式的特征

（一）整体性

现就体育教学模式的整体性表现分析如下。

[①] 刘清黎.学校体育学[M].北京:人民教育出版社,2007:22.

（1）体育教学模式是一个完整且系统的结构，是不可分割的整体，由教学思想、教学目标、操作程序、实现条件以及评价等多个部分共同构成。

（2）教学模式对应的是为了完成体育教学的整体教学任务，而不是解决某一个具体的问题。因此，在谈论教学模式时，应该是宏观的、整体的考虑，避免因为个别小问题而选择不恰当的教学模式，从而影响整体教学效果。

（二）简明性

在体育教学理论的基础上，我们需要以简明、系统的方式对体育教学设计进行梳理，确保在基本框架之上能够精准施策、有的放矢。简言之，教学模式可被视作教学结构理论模型的精炼表述。它立足于理论的层面，采用简洁而有序的方法对实际教学中复杂且多变的经验进行理论上的抽象，进而形成一个易于理解和应用的教学框架。该框架在体育教学领域扮演着纲要性的角色，有助于我们更明确地界定教学目标，进而提高教学成效。

（三）稳定性

体育教学模式是实现体育教学的框架，是确保教学活动沿着既定方向稳步前进的有力工具。通过教学模式，能够帮助体育教师的教学保持一种连贯性和一致性，让贯穿整个学期、学年的体育教学能够前后有所呼应，在保持不断加入新鲜内容的同时，也能适时地复习或者回应以前学过的内容。体育教学模式能够与各种教学理念相融合，显示出强大的适应性和稳定性，满足广泛的教学需求，适应不同的教学环境，解决各种教学难题。

历史上，一些体育教学模式因其卓越的成效而成为经典，这些模式经过多年的实践和验证，至今仍然在教学中扮演着关键角色。我们有充分的理由预期，这些模式在未来将继续发挥其重要作用，这不仅证明了它们的持久效力，也反映了体育教学模式的长期价值和稳定性。

第二章 体育教学模式的基本理论与科学构建

（四）针对性

首先，体育教学模式是针对不同的体育教学目标而进行选择和设置的，因此，具有较强的针对性特征。

其次，针对性特征还体现为，教学模式的选择须考虑教学对象的特点，并根据教学对象的特点而进行调整，从而提高教学的有效性。比如，不同的学生具有不同的特质，体育教师应重视这种差异，并有针对性地选择相适宜的教学模式，力争为学生带来最佳的学习体验，获得全面的发展。

（五）开放性

体育教学模式的开放性，是指体育教学模式不是一经选择便不可更改的，相反，在教学过程中，体育教师可以根据具体情况，对教学模式进行有机调整，从而保证一种动态的稳定，目的是围绕学生的学习需要进行科学的改变。学生是教学活动的主体，而教学模式是为学生的学习和成长服务的手段，应保留一定的开放性，而不是削足适履，本末倒置。因此，教学模式应保持一定的灵活性，使其更加符合体育教学实际的需求。这种调整有助于提升教学模式的适应性和有效性，使体育教学更加贴近学生的实际情况和学习需求。

（六）操作性

教学模式是具备实践性的，任何体育教学模式都必须能够在实际的教学活动中得到应用。理论上的体育教学模式，若不能转化为实际的操作步骤，便只是纸上谈兵，难以发挥实效。通过实施体育教学模式，体育教师能够清晰地规划教学中的各个环节，明确先后的教学步骤，并据此为教学模式的实施准备相应的教学环境与条件，从而确保体育教学模式具备实际的操作性，使理论教学与实际教学紧密结合，提升教学效果。

二、体育教学模式的功能

（一）中介功能

体育教学模式充当着体育教学理论与教学实践之间的"纽带"，扮演着至关重要的中介角色。它不仅是体育教学理念和相关理论具体化展现的载体，而且为体育教师指明了清晰的教学路径，让体育教师在相对长的时期之内，高质量地完成教学。此外，它还为教师提供了详尽的操作指南和策略，确保教学过程的有效实施。

通过体育教学模式，即使体育教师在教学实践中遇到一些意料之外的挑战，也许会暂时停滞或者偏离教学程序，但是也能够很快回到正轨，继续正常教学程序的进行。在一定程度上，教学模式的中介功能，保护和监督着体育教学的顺利进行。体育教学很多时候都是在室外环境进行，这容易受到多种因素的干扰，学生的体育基础和能力也各不相同，这些因素都会影响教学的顺利开展。然而，有了教学模式的整体把控，使教学能够按照既定的目标循序渐进地开展。

（二）简化功能

由于体育教学活动的特殊性和复杂性，仅凭理论推理和文字描述是难以全面掌握的。利用图表来阐释不同系统间的顺序、功能及其相互联系，可以提供一个明晰的宏观视图。客观来看，这种图形化表达方式适应了现代体育教学的多样化需求。它既涵盖了对体育知识的学习，也包括了对体育技术和技能的掌握；既关注学生的学习成果，也突出了教师的教学设计；既反映了前瞻性的教学理念，也强调了实操性的教学策略。

体育教学模式的这一特性赋予了其极高的操作性，它拥有一个完整且系统化的结构框架。这种框架易于教师的理解和应用，使得其在实际教学活动中能够更有效地发挥作用。

第二章　体育教学模式的基本理论与科学构建

（三）预测功能

体育教学模式的构建,是基于对体育教学内在规律与逻辑关系的深入剖析与精心设计。这一模式不仅为我们提供了预测体育教学进程和潜在结果的框架,更允许我们依据其固有的规律,对不同的教学走向进行前瞻性预估,甚至进一步构建具有指导意义的理论假设。一旦体育教学模式得以确立,它便成为我们预测和推断教学结果的可靠依据,引领我们依据其本质规律和表现现象做出准确的判断。

以"快乐体育"教学模式为例,其核心理念在于营造一个愉悦的学习环境,让学生在轻松的氛围中体验体育活动的快乐,并在这一过程中逐步掌握基本的运动技能,从而为未来长期参与体育活动打下坚实的基础。若在教学过程中未能达到预期的效果,教师需依据该模式的内在规律,灵活调整教学策略与方法,以确保教学目标的顺利实现。

一旦达到了预期目标,这就证明了教学模式与教学实践的高度统一,同时也验证了教学模式的有效性和实用性。

（四）调节功能

体育教学模式的构建是一项系统工程,它须深深植根于特定的教学环境条件和指导思想之中。同时,成熟、完善的教学模式又对教学过程起到调节作用,能够张弛有度地控制教学活动的进行。通过教学模式持续的调整,教师可以游刃有余地选择丰富教学内容,组织教学活动,同时又不会影响教学程序的正常进行,而且让学生的学习体验更加丰富和强烈,从而提升了教学的效果。

总之,教学模式的调节功能不仅能更高效地实现教学目标,为学生的全面发展奠定坚实基础,同时也有助于促进教学模式的持续优化和进步,推动体育教学实践的不断提升。

三、体育教学模式的结构

在体育教学领域,教学模式作为整个教学系统的重要组成部分,发挥着举足轻重的作用。它不仅是一个独立而完整的教学单元,更与体育教学系统中的其他要素紧密相连,共同构建了一个和谐统一的教学环境。

深入观察体育教学模式的内在结构,可以清晰地看到,构成模式的各个要素通过有机融合,为体育教学提供了稳固的支撑。这种融合不仅满足了当前体育教学的实际需求,而且符合体育教师的教学愿景和学生的学习期望。它保障了体育教学的效果和质量,为体育教学模式的有效运行打下了牢固的基础。

在众多教学模式之中,运动技能教学模式着重于运动技能的学习和掌握,利用情景教学、启发式教学等多样化的教学方法,激发学生的主动性和创造性,促进他们个性化的成长。与此同时,心理发展教学模式更侧重于学生的心理健康和社会适应能力提升,通过成功体验教学、小组合作学习等模式,增强学生的团队协作能力和适应社会的能力。除此之外,体能训练模式专注于提升学生的身体素质和体能,通过身体素质训练等教学手段,增强学生的体能素质。

在教学实践中,我们需要根据体育教学的实际情况和学生的特点,合理选择和运用这些教学模式。同时,我们还要关注教学模式各要素之间的内在联系和相互作用,合理安排它们之间的先后关系和逻辑关系,以确保教学模式的功能得到充分发挥,进而实现教学效果的优化和提升。

(一)体育教学思想

体育教学思想是体育教学模式的"指南针",决定着教学模式的方向、特征和结构组成,也是体育教学模式的重要构成部分。因此,在认识体育教学模式时,首先要清楚其内在主导的教学思想是什么。在教学思想的指导下,对体育教学模式进行详细的设计。换一个角度,体育教学模式也是对教学思想的具体外化,通过教学模式来实现教学思想。

(二)体育教学目标

确立明确而具体的教学目标是构建体育教学模式的首要任务。无论是体育教学模式的选择还是应用,其核心宗旨都是为了实现既定的教学目标。

第二章　体育教学模式的基本理论与科学构建

在高校体育教学的实际操作中,一个科学且完善的体育教学模式建立是离不开教学目标指导的。教学目标不仅是设计体育教学模式时的重要依据,而且构成了整个模式构建工作的核心。体育教学模式的框架搭建、内容选择、流程规划以及各要素间关系的协调,都必须遵循教学目标的指引。

总之,体育教学模式的构建与应用,应始终围绕体育教学目标进行,确保教学模式的科学性和实效性,从而实现高校体育教学的高质量发展。

(三)体育教学程序

操作程序涉及一系列有组织、连续的环节或步骤。在体育教学模式的框架内,它体现为体育教学活动中各个要素如何按顺序开展的具体流程,即体育教学活动的组织与执行是如何有序进行的。体育教学模式的有效实施依赖于科学合理的教学程序设计。为了达到更完善的教学过程,教师需持续改进体育教学的操作程序,这涉及对教学各环节的细致规划、教学步骤的恰当安排,以及教学方法的创造性运用。通过这些优化措施,可以增强体育教学模式的适用性和效果,更好地适应学生的学习需求,推动体育教学品质的提高。

在实际教学中,体育教师还应该具有灵活变通教学程序的能力,这需要建立在两个前提条件下,一个是教师要明确教学目标、精通教学内容;二是具有丰富的教学经验,这样就可以根据实际情况需要,对教学程序作出一定的调整,从而更符合学生当前的学习需要,实现高效的体育教学实践。

(四)教学实现条件

体育教学模式的执行并非孤立进行,而是依赖于一系列稳固的体育教学物质基础和资源。这些物质条件和资源是确保体育教学模式有效运作和发挥功效的基石。它们支撑着教学活动的顺畅进行。

第一,体育教学场地是实施教学模式的根本。无论是田径场、篮球场、足球场,还是室内体育馆,这些场地都为学生提供了必要的活动空间,以保证各类体育教学活动的顺利进行。没有合适的场地,许多教学活动将无法开展,教学模式的执行也会受到严重影响。

第二,体育教学器材和设施同样是实施教学模式的关键组成。从基础的球类、跳绳到复杂的健身器械和训练装备,这些器材和设施为学生提供了丰富的体育学习与锻炼工具。它们不仅增强了学生的体育体验,也为教学模式的应用提供了更广阔的空间。

第三,专业的教师和教练团队也是体育教学资源的重要组成部分。他们不仅拥有深厚的体育知识和丰富的教学经验,还能够根据学生的具体情况和需求,灵活地运用教学模式,提供定制化的教学支持。他们的专业素质和教学技能对教学模式的执行效果起着决定性作用。

第四,为了保障体育教学模式的顺利执行,高校必须充分准备和提供必要的教学物质条件和资源。这包括确保场地的适宜、器材和设施的完备、教师和教练团队的专业水平等。只有这样,才能为教学模式的实施提供坚实支持,确保其发挥出应有的效益。同时,还需体育教师的持续探索和创新,这需要高校领导不断完善和优化教学模式所需的物质条件和资源,给教师提供应有的支持,只有在各方的努力下,才能更好地适应体育教学的需求和发展。

(五)教学效果评价

评判教学模式的成效需通过细致的评估与反思来进行,这不仅是对教学模式执行质量的审视,也是对体育教学成果的全面鉴定。在体育教学的实际操作中,对教学成效进行评价是一个关键步骤,它为我们改进和优化体育教学模式提供了重要的信息。

进行体育教学模式评价时,搜集有效的反馈信息显得尤为关键。这些信息能够直观地反映出教学模式在实际应用中的成效及存在的问题。教学模式的恰当执行对达成教学目标具有决定性影响。因此,我们需密切观察教学成效的反馈,以便能够及时发现并解决可能出现的问题。

第三节 体育教学模式与其他体育教学要素的关系

体育教学模式与其他教学要素息息相关,各个要素彼此之间相互形成或支持或制约的关系,因此,科学安排体育教学模式与其他要素的关系,将使体育教学效率倍增。

一、体育教学模式与体育教学方法的关系

从定义角度分析,体育教学方法与体育教学模式之间呈现出明显的差异。体育教学方法可以被形象地描述为"达成体育教学目标的途径"。相对而言,体育教学模式是一个更为全面的概念,它定义为"依据特定的体育教学理念,为达成体育教学单元目标而构建的相对稳定的教学过程"。体育教学模式由四个基本要素构成:教学理念、教学单元、方法系统和操作程序。

具体而言,体育教学方法并非仅仅是体育教学模式的一部分,而是其内部一个关键的组成元素。体育教学方法系统是一个由众多具体教学技巧构成的集合体,而体育教学模式中的方法系统则是经过精心选择和整合的具体方法的有机结合,它是一个更为具体和复杂的体系,不是单一教学技巧的简单叠加。

从定义上深入解析,体育教学方法与体育教学模式有着明显的差异。体育教学方法,被形象地描述为"通向实现体育教学目标的桥梁",它关注于如何有效地传递体育知识和技能。而体育教学模式,则是一个更为全面和宏观的概念。

体育教学方法体系是一个抽象的概念,由一系列具体的教学方法组成。而体育教学模式中的方法体系则更为具体和复杂,它是经过精心选择和组织的多种教学方法的集合,旨在更好地体现体育教学的思想和目标。

在体育教学模式中配备体育教学方法体系时,需要根据教学模式各

个环节的不同特点和要求来精心选择。以快乐体育教学模式为例,其环节组成包括:结合具体内容进行低要求的游戏,以便学生享受运动乐趣、挑战新技术,以及让学生自定目标以创造活动乐趣。针对这些环节,我们选择的教学方法可以包括:游戏竞赛法激发学生的兴趣和参与度,技术教学法(如示范法、讲解法、直观法等)传授技术要点,想象法、创新法和技术组合法培养学生的创造力和技能组合能力,以及竞赛法和评比法检验学生的学习成果和提升学生的竞技水平。

通过这样的教学方法体系配置,我们能够更好地实现体育教学模式的目标,提升体育教学的效果。

从稳定性和可变性的角度来看,体育教学方法与体育教学模式有着显著的区别。一旦体育教学模式被确立并应用于某个单元教学中,它就具备了相对稳定的特性,这种稳定性体现在该模式将贯穿整个单元教学,直至完成单元目标后才会宣告结束。在这一过程中,教学模式的结构和流程保持相对稳定,不易发生显著变化。

然而,体育教学方法并不具备体育教学模式那样的固定性。它是一个更为广义和可塑性的概念,包含了一系列多样化的具体实施方法。这些方法可以根据体育教学的不同实际情况和需求进行灵活选择和调整。因此,体育教学方法展现了更高的灵活性和适应性,能够针对具体的教学环境和目标进行定制化的应用。

总结来说,体育教学模式注重整体的稳定性和流程的连贯性,而体育教学方法则强调具体方法的灵活性和适应性。两者在体育教学中相辅相成,共同构成了完整的教学体系。

二、体育教学模式与体育教学目标的关系

从《体育与健康》新课程标准的角度来看,体育教学的目标是多维度的,它不仅包括了提升学生的运动参与度,还涉及身体健康、心理健康、运动技能和社会适应等关键领域。这些目标共同构成了一个全面的教育框架,旨在通过体育活动促进学生的身心全面发展。

体育教学模式则是这一框架下的具体实施策略,它根据既定的教学理念,为实现特定的教学单元目标而设计了一系列稳定且连贯的教学活动。这种模式化的教学流程有助于系统化教学内容,提高教学效率,同时也便于教师根据学生的反馈和学习进度进行适时调整。

第二章 体育教学模式的基本理论与科学构建

体育教学目标的全面性体现在它追求学生在各个相关领域的均衡进步,而体育教学模式则在此基础上提供了更为具体和针对性的教学解决方案。模式目标的设定通常与教学目标紧密相连,但更加注重实际操作的可行性和针对性,它们是实现教学目标的具体途径和手段。

在实际应用中,体育教学模式需要根据学生的具体情况、教学资源和学校条件等因素进行灵活调整,以确保教学活动的有效性和适宜性。教师在设计和实施教学模式时,应充分考虑学生的个体差异,采用多样化的教学方法,激发学生的学习兴趣,提高他们的参与度,从而更好地实现《体育与健康》新课标提出的全面教学目标。

三、体育教学模式与体育教学组织形式的关系

体育教学组织形式,简称"教学形式",是体育教学活动中不可或缺的结构化方式。从组织结构的角度来看,它主要包括合班教学、全班教学、小组教学和个别教学四种形式。而从师生交往的角度来看,则分为师生直接交往和间接交往两种模式。

体育教学组织形式在班级教学中扮演着关键角色。虽然传统的班级授课制因其固有的缺陷,如难以全面照顾学生的个别差异和因材施教,而受到一些批评,但总体而言,班级授课制度仍具有显著的优势。它不仅教学效率高,而且为学生提供了一个良好的环境,有利于他们之间的相互学习、情感交流以及合作精神的培养。

为了进一步完善班级授课制度,各国都在积极寻求改革和创新。在保留其合理因素的基础上,通过引入新的教学组织形式,为传统模式注入新的活力。这些新的组织形式不仅丰富了教学方式,也促进了体育教学的多样化发展。

同时,鉴于学生个体间的普遍差异,当今的教育界也高度重视个别教育。因此,多种个别化教育的组织形式应运而生,进一步推动了教学组织形式的多样化、综合化以及课内外、校内外一体化的发展趋势。这种发展不仅有助于更好地满足学生的个性化需求,也为体育教学注入了新的活力和可能性。

体育教学模式包含了一系列精心设计的操作程序,这些程序通常是基于运动项目单元教学来构建的。为了确保体育课和单元教学目标的有效达成,每节体育课中的课堂常规和分组教学等环节都显得至关重

要。从这一视角来看,体育教学组织形式无疑是实施体育教学模式操作程序的关键要素,但它并非教学模式本身。因此,我们绝不能将体育教学组织形式与体育教学模式混为一谈,更不能以体育教学组织形式的名义来命名体育教学模式。两者虽紧密相连,但各自具有独特的角色和功能。

四、体育教学模式与体育课结构的关系

体育课的结构是依据学生的生理和心理变化规律来设计的,其各环节旨在促进学生的全面发展。传统的体育课结构通常包括开始准备部分、基本部分和结束部分,这一模式在一定程度上受到苏式体育理论的影响,因此也曾受到一些质疑和批评。

有人提出,传统的"三段论"结构已不适合现代教育的发展需求,并提出了二段论、四段论、五段论等多种改革方案,甚至有人主张"五段论",认为体育课不必拘泥于固定的结构,可以更加灵活多变。这种观点看似新颖,但深入分析后会发现其存在的问题。

体育课作为学校教育的一部分,与其他课程一样,有其固定的开始和结束过程,这是无法改变的。特别是在体育课上,学生需要承受较大的运动负荷和生理负荷,心率需要达到一定的水平以促进身体健康。因此,在课的开始阶段,进行充分的准备活动以调动学生的身心状态是必要的;而在课的结束部分,为了使学生从高负荷状态平稳过渡到安静状态,进行适当的调整和放松也是必不可少的。这是体育课区别于其他课程教学的本质特征之一。

至于体育课的基本部分,可以根据教学内容的难度和对学生造成的负荷程度来灵活安排。但无论如何变化,体育课的基本结构都是保持不变的。准备部分和结束部分的存在不仅符合学生的生理和心理需求,也体现了体育教学的科学性和系统性。

因此,体育课的结构是基本不变的,而我们应该在保持其基本结构的基础上,不断探索和创新教学方法和手段,以更好地满足学生的需求和提高教学效果。

体育教学模式的构建是为了适应单元教学的需求,它要求每一节体育课都应有序地连接,共同构成一个连贯的单元教学结构。这一结构的目标是实现特定运动技能教学的全面目标,涵盖从基础的"初步掌握运动技术"到进阶的"提升与完善运动技术",再到高阶"巩固与自动化运动技能"的整个学习过程。因此,单元教学的总学时将直接影响到体育课程的总课时数。因为每个教学模式都是基于单元教学设计的,所以各节体育课必须紧密相连,确保学生能在连续的学习中逐步掌握并提升运动技能。这样的设计不仅有助于学生系统地学习运动技能,还能确保教学过程的连贯性和有效性。

第四节　体育教学模式的构建方法

在构建体育教学模式时,须遵从一定的依据,秉持一定的原则,本节将对体育教学模式的构建进行具体分析。

一、体育教学模式构建的参考依据

新型体育教学模式的构建需要把握以下四个参考依据。

(一)参考体育教材性质

1. 概括性教材的教学重点

(1)初步了解与兴趣培养
强调学生对体育项目的基本认识和兴趣的激发,而非深入复杂的技术掌握。
(2)知识框架与热爱体育
旨在构建一个广泛的体育知识体系,培养学生对体育的热爱,并促进其身心健康。
(3)体验运动乐趣
在学习过程中,学生应更多地体验运动带来的快乐,享受参与体育活动的过程。

2. 教学方法的选择

（1）快乐式教学模式
创建一个积极的学习环境，让学生在快乐中学习体育，享受运动。
（2）情景式教学模式
通过模拟真实运动场景，增强学习的实践性和互动性。
（3）成功式教学模式
通过成功的体验激励学生，提高他们的成就感和自信心。

3. 促进学生发展的教学策略

（1）主动探索
鼓励学生积极探索体育活动的各个方面，增强自主学习能力。
（2）独立思考
引导学生独立思考，培养批判性思维和解决问题的能力。
（3）实践中领悟
通过实际操作和练习，让学生在实践中不断学习和提高。
（4）全面发展
通过上述教学方法和策略，有效促进学生在体育知识和技能、身心发展等方面的全面成长。

（二）参考体育教学目标

首先，体育教学的主要目标之一是增强学生的体育参与度和积极性，目的是点燃学生对体育的热情，鼓励他们更加积极地投身于各类体育活动中。

其次，体育教学致力于促进学生的身心健康，通过规范的体育锻炼帮助学生提升体质和心理素质，以实现身体与心理的全面和谐发展。

再次，体育教学还旨在帮助学生正确地掌握运动技能，通过系统的指导和训练，确保学生能够学会准确的运动方式和技巧，从而提升他们的运动技能。

最后，体育教学致力于提升学生的社会适应能力，通过体育活动中的团队合作和竞赛交流等环节,培养学生的社交能力和团队合作精神,增强他们在社会中的适应性。

为了达成上述目标,体育教学中需设计和采用适宜的教学模式,例如情景体育教学模式、探究式体育教学模式和成功体验式教学模式等。这些模式各具特色,能够显著提高教学成效,促进学生的全面成长。

(三)参考体育教学对象

在体育教学活动中,学生是至关重要的主体,特别是在大学时期,学生主要接受专项体育运动的教学训练。针对这一时期的特点,技能性体育教学模式显得尤为重要,它能够有效地提升学生的专项运动技能。同时,体能性体育教学模式也发挥着不可或缺的辅助作用,有助于学生在专项训练的基础上,全面提升身体素质。因此,在大学体育教学中,构建和完善技能性体育教学模式与体能性体育教学模式至关重要。

(四)参考体育教学条件

体育教学模式的多样性要求我们认识到,不同模式对教学条件的需求也大相径庭。鉴于不同地区或学校的体育教学条件存在明显的差异和复杂性,我们在挑选和构建体育教学模式时,必须将这些条件纳入重要考量因素。

特别是在农村学校环境中,由于可利用的教学资源和条件相对有限,选择体育教学模式时应避免采用那些对外部条件依赖度高的模式。例如,小群体教学模式可能需要更多的教学设备和个性化的教学支持,这在农村学校可能难以满足。

因此,农村学校更适合采用那些灵活性高、适应性强、对教学条件要求不那么苛刻的教学模式。情境教学模式和发现式教学模式等,因其较低的资源依赖性和较高的教育适应性,成为较为合适的选择。这些模式不仅能够与农村学校的实际情况相匹配,还能够有效地促进学生的全面成长,提高他们的体育素养和运动技能。

此外,为了更好地适应农村学校的具体条件,体育教学模式的构建还应考虑到以下几个方面。

1. 资源利用

充分利用现有资源,创造性地使用低成本或易于获取的材料作为教学工具。

2. 教师培训

加强教师的培训,提升他们对多样化教学模式的掌握和应用能力。

3. 社区参与

鼓励社区参与体育教学,利用社区资源和经验来丰富教学内容。

4. 学生中心

构建以学生为中心的教学模式,关注学生的个体差异,提供个性化的教学支持。

5. 创新教学

鼓励教师创新教学方法,结合农村学校的自然环境和社会文化特色,开发适应性强的教学活动。

通过这些措施,我们可以为农村学校的体育教学模式构建提供更加切实可行的方案,确保体育教学的有效性和学生的全面发展。

二、新型体育教学模式的构建原则

(一)坚持各教学元素的统一原则

从本质上讲,新型体育教学模式的构建关键在于妥善处理高校体育教学活动中形式与内容、结构与功能的平衡。因此,体育教师在构建教学模式时,必须对各类体育教学课堂的结构、形式及其功能与作用进行深入而全面的分析。

(二)坚持统一性与多样性统一的原则

体育教学模式的统一性保证了教学模式的连续性和稳定性,有助于维持体育教学的传统优势。

而新型体育教学模式构建的多样性则强调在开发和构建过程中应注重多样化,避免教学模式的单一化和程式化。多样性能够满足不同学生的学习需求和兴趣,增加体育教学的灵活性和创新性,使教学更具活力和吸引力。

(三)坚持借鉴与创新的统一原则

在构建体育教学模式的过程中,我们必须坚持创新与借鉴的有机结合。借鉴不仅包括吸收国际上先进的体育教学模式理论,开阔我们的国际视野,也包括深入学习国内已有的优秀教学模式理论和成功的实践经验,以此来传承和提升我们的本土优势。

在全球化不断深化的大背景下,学校体育教学无疑会受到全球教育趋势的影响。因此,学习和借鉴国外的先进教学模式理论,结合本土实际情况进行创新,变得尤为关键。如果只是单纯地模仿国外模式而缺乏自身的创新,或者完全拒绝借鉴国外经验,都可能导致体育教学的原地踏步,无法实现进步和发展。

为了实现体育教学模式的持续改进和创新,我们必须在继承和发扬本土优秀传统的基础上,积极吸收外来的先进理念和技术。通过这种内外结合的方式,可以确保体育教学模式既具有本土特色,又能够与时俱进,满足现代教育的需求。这样的教学模式能够更好地激发学生的学习热情,提高教学效果,同时也能够促进体育教学方法的多样化和个性化,为学生的全面发展提供更加坚实的基础。

总之,体育教学模式的构建需要我们在借鉴中创新,在创新中发展,不断探索适应新时代要求的教学方法和策略,以推动体育教学事业的不断前行。通过这种开放的态度和创新的精神,我们可以培养出更多具有国际竞争力的体育人才,为国家的教育事业贡献力量。

三、新型体育教学模式的构建步骤

（一）明确指导思想

在塑造和执行体育教学模式时，关键在于明确教学的核心主旨，并确保有稳固的理论基础作为支撑，这是教学模式得以有效运作及长期发展的根本。这并非一句空洞的口号，而是一项需要在实践中不断落实和执行的重要准则。

首先，明确教学模式的主题是其得以成功实施的中心环节。教学模式应有清晰的目标和方向，体育教学模式亦不例外。在构建与执行的过程中，我们应持续聚焦于提升学生的体育素养和身心健康这一核心主旨，保证所有教学行为和策略都紧密围绕这一主题，确保不偏离预定的教学轨道。唯有如此，我们才能确保教学模式的精准性和实效性，让其发挥出最大的效益。

其次，拥有坚实的理论基础是体育教学模式取得成功的另一个关键因素。任何教学模式都不应是无本之木，而应基于扎实的理论支撑。这些理论不仅为我们提供了构建教学模式的蓝图和方向，还为我们评价教学模式成效提供了标准和工具。因此，在构建和实施体育教学模式的过程中，我们应当深入研究相关的教育学、体育学以及心理学、社会学等学科的理论，确保教学模式的理论基础坚实可靠。这样，我们才能确保教学模式的科学性与适宜性，更好地满足学生的实际需求和教学的实际规律。

为了达成这些目标，我们需要采取一系列切实可行的措施。首先，加强对教师的理论教育和专业培训，提升他们的理论素养和教学技能。只有当教师具备了扎实的理论基础和丰富的实践经验，才能更深入地理解和应用教学模式，确保其实施的有效性。其次，优化和整合教学资源，为学生提供更丰富、多元的体育学习与锻炼条件。这些资源包括但不限于体育设施、器材等物质条件，以及课程、教材等教学内容。通过整合和优化这些资源，我们可以为学生提供更全面、系统的体育学习与锻炼机会。最后，建立和完善教学评价和反馈系统，及时收集和分析学生的反馈信息和教学成效数据，为教学模式的持续改进提供有力的数据支持和

第二章　体育教学模式的基本理论与科学构建

参考依据。

总之,能够突出主题并具备坚实的理论支撑是体育教学模式成功实施的关键。我们应深入贯彻和执行这一原则,不断探索和创新体育教学模式的构建与实施方法,为提高学生的体育素养和身心健康发展做出更大贡献。

(二)确定构建模式的目的

在体育教学模式的构建过程中,当我们已经明确了指导思想之后,接下来便是要精准地确定构建这一模式所要达到的具体目标。这一步骤对于整个教学模式的构建具有至关重要的意义,因为它不仅为后续的各项工作指明了方向,而且确保了我们的努力和投入能够真正落到实处,实现预期的效果。

首先,设定明确的教学模式构建目标对于保持项目焦点至关重要,它确保了在构建的每个阶段都不会偏离既定的核心议题。创建体育教学模式是一个包含众多要素和步骤的复杂过程。只有当目标明确时,我们才能确保所有步骤都紧密对准这一目标,从而提高构建效率和效果。

其次,明确的目标是制订切实可行的执行计划和策略的基础。一旦目标得以确立,我们就可以依据这些目标的具体需求,设计出详尽且可执行的行动方案。这些计划和策略应当具备明确的操作指引和评估标准,以便在执行过程中能够准确追踪进度,及时进行必要的调整。

再者,明确的目标对于评估教学模式的成效同样至关重要。在教学模式推行结束后,基于既定目标的完成度来评估模式的成效,可以为我们是否达到了预期目标提供清晰的判断依据。这有助于我们更客观地评价教学模式的成效,并为未来的改进提供数据支持。

总之,在构建体育教学模式的过程中,我们必须重视目标设定这一关键步骤。这要求我们深入考虑教育教学的现实需求,结合学生的身心发展规律和兴趣所在,明确教学模式的具体目标。同时,我们还需确保这些目标具有实际可操作性,并能够进行有效衡量,以保障教学模式能够顺利实施并取得预期成效。

(三)寻找典型经验

在构建体育教学模式时,应积极借鉴典型的成功经验,这是节省时间并快速取得成效的关键一步。通过初期准备阶段的全面搜集、认真考察和严谨调研,已经获得了足够的信息,对当前的成功案例有了清晰的认识。此时,应大胆利用这些成功案例作为模式构建的蓝本,快速构建符合学校自身需要的教学模式。

实际上,在前期调研的过程中,也是深入学习、直观思考各种教学模式的特点和优势的过程。在此过程中,应特别关注那些在体育教学中取得显著成就的案例。成功案例的背后,一定有其深刻的道理,在调研的时候,不要只看到成功的表面,还要探究其背后的教育哲学、教学策略和管理模式,以及这些因素是如何在实践中产生效果的。这些才是真正值得学习和研究的内容,因为每个学校的情况各有不同,难以完全照搬其成功的做法,但是取得成功的策略是可以借鉴的。以下是具体操作步骤。

1. 明确调研范围与对象

在构建体育教学模式的初期,首要任务是界定调研的具体范围和目标对象。这包括但不限于以下方面信息。

(1)学校类型

考虑不同教育阶段和不同性质学校(如公立、私立)的体育教学现状。

(2)学生需求

调研不同年级学生的体育学习需求,以及他们对体育活动的兴趣和偏好。

(3)教师背景

了解来自不同背景的体育教师的教学方法和实践经验,包括他们的专业发展和教学挑战。

广泛的调研有助于收集多元化的信息和数据,为构建体育教学模式提供全面的参考基础。

2. 注重调研的深度与广度

调研的深度和广度对于构建有效的体育教学模式至关重要。
（1）案例细节
深入分析每个教学案例的具体实施过程，包括教学目标的具体设定、教学内容与方法的精心选择，以及学生对教学活动的具体反馈。
（2）案例比较
识别不同教学案例的共性与差异，探索它们之间的内在联系和潜在规律。
这一步骤要求我们不仅要搜集数据，还要进行深入的比较分析，以获得更深刻的洞见。

3. 调研的总结与提炼

调研的最终目标是提炼有价值的信息。
（1）信息分析
对搜集到的数据进行详尽的分析，以识别哪些教学实践与我们的构建理念和目标相契合。
（2）经验筛选
筛选出可作为教学模式构建原型的典型经验和教学案例。
通过这一过程，我们能够确保所选案例具有高度的相关性和实用性。

4. 构建教学模式的实践基础

基于调研结果，我们可以确保所构建的体育教学模式。
（1）实践基础
模式建立在实际教学活动和学生真实需求的基础上，确保其实用性和有效性。
（2）理论支持
模式得到教育理论和体育教学研究的支持，确保其科学性和系统性。

（3）可操作性

模式包含具体、明确的操作步骤和指导，增强教师的可操作性和学生的参与度。

通过这些步骤，我们能够构建一个既符合教育目标又适应教学实际的体育教学模式，为提升体育教学效果和学生学习体验提供坚实的基础。

（四）分析基本特征

在体育教学模式的构建过程中，对选定的教学案例进行深入分析是关键一环。模式分析，作为一种系统化和结构化的方法论，使我们能够识别并理解案例中的核心要素、基本特征及其相互关系。以下是利用模式分析深入剖析教学案例的步骤。

1. 案例背景与情境分析

初始阶段需探究案例的学校环境、学生群体、年级特征及可用教学资源等背景信息，为分析提供情境基础。

2. 教学目标与内容分析

剖析教学目标是否明确、适宜，以及教学内容是否科学、合理，并能否有效支持教学目标的实现。

3. 教学方法与手段分析

评估案例中使用的教学方法和手段，如讲解、示范、练习等，以及它们是如何综合运用以促进教学效果的。

4. 教学过程与师生互动分析

分析教学过程的开展，包括教师的引导策略、学生的参与度、师生互动模式，以及教学过程中遇到的问题及解决方案。

第二章 体育教学模式的基本理论与科学构建

5. 教学效果与评估分析

考查学生对教学内容的掌握、技能提升及情感态度变化,同时评估案例中的教学效果评估方法是否客观、科学。

6. 概括基本特征与教学关键要素

在综合分析的基础上,提炼案例的基本特征和关键教学要素,如教学模式的创新点、教学目标的具体化、教学内容的适宜性、教学方法的有效性、教学过程的互动性以及评估方式的合理性。

通过这些步骤,我们可以从选定的案例中提取有价值的信息,形成对体育教学模式构建有指导意义的见解和启示。这不仅有助于我们构建一个结构化、系统化的教学模式,而且能够确保所构建的模式既有理论依据,又贴合实际教学需求,从而提高教学效果和学生学习体验。

(五)确定关键词语

在对选定的体育教学案例进行详尽分析之后,关键任务是精准地提炼并界定能够捕捉该教学模式精髓的关键词汇。这些关键词不仅需全面覆盖模式的中心特质和主要构成部分,还应简洁明了,便于模式的广泛传播与深入理解。

首先,我们聚焦于教学模式的根基理念,例如"学生中心""全面发展""协作互动"等。这类词汇精准地映射了教学模式的哲学基础,强调了学生作为学习过程的中心以及促进其全面成长的重要性。

随后,我们识别并定义了教学模式在执行中的关键组成元素,如"情境式教学""游戏化学习""定制化辅导"等。这些词汇归纳了教学模式在实践中的独特方法和创新点,直观地展示了其操作性和创新性。

同时,我们也需关注教学模式在评价和反馈环节的独特做法,例如"多维评价""即时反馈"等。这些词汇突显了教学模式在评价学生学习成就和教学成效时的综合性和及时性,对提升教学品质和学习体验起到了关键作用。

综合以上分析,我们得以明确以下关键词语,用以描述该体育教学模式的显著特征。

（1）核心理念：学生中心、全面发展、协作互动。

（2）教学过程：情境式教学、游戏化学习、定制化辅导。

（3）评估与反馈：多维评价、即时反馈。

这些关键词语不仅精炼且具有指导意义，它们准确地提炼了体育教学模式的核心特征和关键要素，有助于模式的理解和推广。同时，它们的普遍易懂性也有助于教育从业者和学生的吸收与认同，进而推动教学模式的广泛采用和实施。

（六）简要定性表述

1. 核心理念

（1）学生中心：教学以学生需求、兴趣和能力为基础。

（2）全面发展：通过体育活动，提升学生身体健康、心理健康和社会适应能力。

2. 模式特点

（1）情境化教学：结合实际或模拟情境，提高学习实践性和趣味性。

（2）游戏化学习：利用游戏元素，增加学生学习动力和参与度。

（3）个性化指导：根据学生特点，提供定制化教学支持。

3. 执行策略

（1）明确教学目标：根据课程标准和学生需求，制订具体教学目标。

（2）设计教学情境：创造适宜教学环境，促进学习和体验。

（3）多样化教学方法：采用讲解、示范、互动讨论等多种教学手段。

（4）个性化教学计划：针对学生差异，制订个性化教学方案。

（5）持续教学评估：定期评估和反馈，调整教学策略，满足学习需求。

通过以上定性描述，可以对体育教学模式有一个清晰的认识，为后续的实践教学提供指导和参考。

（七）对照模式实施

在成功构建体育教学模式后，关键的一步是将其应用于实际教学中，进行实践检验，以全面观察其教学效果和适应性。这一过程不仅是对教学模式有效性的直接验证，也是进一步优化和完善教学模式的重要途径。

1. 教学环境的准备

在选定的教学环境中执行教学模式，这包括与学校管理层合作、与教师团队沟通以及与学生群体互动。确保所有参与者对教学模式的核心理念和特点有深刻理解，保障模式得以正确和一致地实施。

2. 教学实施的监控

观察并记录教学模式的执行过程，特别关注学生的参与情况、教师的教学策略、教学活动的组织流程以及课堂氛围。通过这些观察，收集数据以初步评估教学模式的实际运行效果。

3. 教学效果的评估

在模式实施一段时间后，通过体育技能测试、体能评估和学习态度问卷等方法，收集关于教学效果的数据。与教师进行深入交流，收集他们对教学模式的反馈和建议。

4. 评估结果的应用

根据收集的数据和反馈，评估教学模式的适应性和成效。若教学模式获得积极反响并展现出良好的教学成果，则认为模式实施成功。若存在问题或不足，应立即进行深入分析，并做出相应的调整，以优化教学模式。

5. 经验总结与模式改进

实践检验有助于深化对体育教学模式适应性和效果的理解。通过经验总结,进一步验证教学模式的有效性,并为未来的教学改革和创新提供参考。通过这一过程,我们不仅能够确保体育教学模式的有效实施,还能够持续改进和创新,以适应不断变化的教育需求。

(八)总结评价反馈

在体育教学实践中,构建教学模式的最后一步是总结经验,并对上述步骤进行评价,从而形成一定的结论,并成为今后工作的依据。

在进行评价时,需要先系统地观察和评估完成部分,以及结合教学效果,深入分析和归纳总结。这一步骤非常重要,往往被许多人忽视,实际上,通过这一环节,能够直观地验证教学模式的真正效果,对其中有效的部分进行加强,对冗余的部分及时削减,从而使教学模式得到持续优化。

评价教学模式时,还应注意搜集学生的反馈,因为学生是教学的主体,他们的实际感受才是最重要的,因此,教师应通过观察、讨论和总结学习效果这几个方面,对学生的反馈情况进行总结和研究,进而对教学模式的实施加以调整和精进。当然,在搜集学生评价部分,还应注意加入学生的参与热情、投入程度等感性因素,因为这些将决定学生能否持续地进行学习,从而形成良好的运动习惯,促进他们终身体育的形成。

第五节 体育教学模式的选用技巧

当前的教学模式有许多,在选择时应根据具体情况进行选择,并灵活处理,最终以教学效果和学生的反馈为重要指导依据。

第二章 体育教学模式的基本理论与科学构建

一、根据教学思想选用教学模式

体育教学思想在选用合适的体育教学模式方面扮演着至关重要的角色,它为教学模式的选择提供了明确的指引。以素质教育思想为例,这一新时代的体育教学理念较早地被提出并受到广泛关注,为当前学校体育教学的改革与发展注入了新的活力。素质教育思想强调以发展体育素质为核心目标,致力于促进学生的身心健康和全面发展,为体育教学模式的选用提供了清晰的方向。

另一值得注意的体育教学思想是终身体育思想,这一理念自国外引入后被逐渐受到重视。终身体育思想在体育教学中的应用,标志着我国体育教学从传统的过分追求竞技成绩的模式转变为更加注重学生及国民体质健康的终身发展。这一转变不仅体现了对个体健康长远发展的关注,也反映了我国体育教学理念的深刻变革。

随着体育教学和教育的不断进步,我们可以预见,未来还将涌现出更多、更新的体育教学思想,它们将继续为体育教学的改革与发展提供有力的指导。这些新思想将不断推动我们探索更加科学、合理的体育教学模式,以适应时代的需求和学生的发展。

二、根据教学目标选用教学模式

教学目标是教学的方向,是体育教师选择教学方法、教学模式的重要依据。不同的教学模式有着不同的侧重点,会收获不同的教学效果,因此,在教学之初,必须重点参考教学目标来选择合适的教学模式。尤其在高校的体育教学活动中,教学模式多样,对学生的激励作用将直接影响学生的学习投入程度,选择恰当的教学模式,意味着教学活动取得了成功的一半。

在具体的教学实践中,每一个教学目标需要多个教学模式来完成,因此,在教学目标的指导下,应科学选择几种教学模式配合完成,而且要保证这几种教学模式具有很好的协调作用,能够相互起到积极的影响,从而保证教学目标的顺利完成。同时还应考虑学生的学习体验,在不同教学模式的切换下,能够使学生获得新鲜的学习体验,而不是只有单一的教学模式,导致学生的厌倦心理。如此一来,不仅能提升体育教学效果,更能为学生的全面成长奠定坚实的基础。

三、根据教学内容选用教学模式

体育教学内容十分广泛,并已形成了一个庞大的系统,在选择教学模式时,应根据不同的教学内容合理选择。不同的教学内容具有不同的特点,需要借助恰当的教学模式才能更好地完成教学,因此选择教学模式时还应注意依据不同的内容作为参考因素。

比如基础性教学内容,尤其是发展学生身体素质类训练,应优先考虑运动教学模式,而发展技能性的内容,对于普通高校的学生而言,没有强制性的要求,因此此时就应选择快乐教学模式,或者成长教学模式,以发展学生的运动兴趣为主,增加良性学习体验,从而促进学生自觉地开展体育活动、养成运动的习惯,为他们的终身运动打好基础。

四、根据学生特点选用教学模式

学生作为教学活动的主体,教师在选择体育教学模式时,须细致地考虑他们的需求和特性,以确保所选模式能够与学生的实际状况相匹配,并有效促进教学目标的达成。例如,针对低年级的大学生群体,他们通常精力充沛、兴趣广泛,尤其对新鲜事物充满好奇心,因此,体育教师应尽量增加教学中新鲜、独特的元素,特别是注意结合当前社会比较流行的体育项目和体育文化,从而调动学生的学习兴趣。体育教师适宜采用诸如快乐体育模式、情境教学模式或成功体育模式等,这些模式能够充分调动学生的学习动力,增强他们的课堂参与感和成就感。

而对于高年级学生,他们已经积累了一定的知识,逻辑思维更为丰富,对知识的探索欲望也更加强烈。因此,在这个阶段,我们可以更多地选用启发式、发现式或运动技能类教学模式,以引导学生主动思考、积极探索,培养他们的创新能力和问题解决能力。

总之,根据学生的具体情况实现教学模式的科学化选择,是提升教学效果的关键所在。只有深入了解学生,因材施教,才能确保体育教学模式的有效性和针对性,从而更好地实现教学效果。

五、根据教师实际选用教学模式

每位体育教师都拥有其独到的教学经历、指导及管理技能,以及个性化的教学风格。因此,适宜他们的体育教学模式也各有千秋。在挑选体育教学模式时,教师需要深入思考自身的教学需求和能力,确保所选模式能够最大限度地利用他们的专业知识、技能和教学个性。为了提升体育教学的成效,教师应采取持续学习与实践的方法,积极积累教学相关的知识、经验和技巧。通过这样做,能够更加自如地选择和应用教学模式,提高教学的质量和效果,从而为学生提供更为优质的体育教学体验。

总之,体育教师在选择教学模式时,应考虑个人的教学实践和优势,不断提升自身的教学技艺,以促进学生的全面成长。

六、根据教学条件选用教学模式

尽管高校的场地和教学设施都有一定的基础,但是不可否认的是,在我国的绝大多数地区,高校的体育场馆、运动场种类等还存在明显的不足。然而,体育教学模式的成功执行依托于完备的体育教学条件,因此,在选择教学模式时不应忽视学校的基础设施条件这一要素。

同时,教学条件不仅包括物质设备,如运动器械、设施和场地,还包括教学软件资源,如电子教案、教学课件和计算机应用软件等。没有这些条件的支持,那些依赖特定教学资源的教学模式将难以有效开展。而且当前社会的信息技术日新月异,在一线城市的高校,非常注重更新教学技术,相应的教师培训工作也比较到位。然而在经济较落后地区,有时候设备建设好了,却未能及时对体育教师进行培训,因此这也是制约教学模式选择和应用的一个障碍。

不同的教学模式对条件的需求也有所区别。一些模式可能更偏向于实践操作,这就要求有足够的体育器材和适宜的场地;而其他一些模式则可能更侧重于理论学习与数据分析,因此对电子教案和计算机软件有更高的依赖。

因此,体育教师在选择教学模式时,必须综合考虑教学目标、教学内容和现有的教学资源。教师需要确保所选的教学模式既能满足教学目标的需求,又能最大限度地利用现有资源,避免资源的无效投入或短缺。通过精心选择教学模式,并合理配置和利用教学资源,教师可以有效提升教学成效,促进学生在体育领域的全面发展。

第三章 高校体育教学模式的发展现状与趋势

我国高校体育教学模式始终处于发展变化之中,以适应社会的发展,满足国家对人才的需要。未来的高校体育教育将更加注重学生的全面发展、实践能力和创新精神的培养,这些都需要建立在体育教学模式的创新和改革这一前提下。本章主要阐述高校体育教学模式的现状与趋势。

第一节 高校体育教学模式的发展现状

一、多种体育教学模式并存

事物的发展总是遵循其内在的规律,高校体育教学模式的发展也不例外。长期以来,我国的高校体育教学模式一直在不断地摸索与探索中前行,因此形成了多种教学模式并存的局面。迄今为止,我国高校体育教学已经历了多种教学模式的演变,包括三基型、三段型、一体型、并列型、分层次型、俱乐部型、三自主型等在内的十余种教学模式。而在当前的高校体育教学中,三基型、三段型、一体型和并列型等模式因其适用性广和效果性强而被广泛采用,成为主要的体育教学模式。

(一)三基型

三基型教学模式分为三个部分,即引入段、主体段和结束段。这一模式的主旨在于为学生打下坚实的基础,重点培育他们的基础知识和基本技能。在实施过程中,教师扮演着引导者的角色,通常以班级授课的形式进行教学,并遵循既定的教学程序,确保教学的每个环节都严格规范,整体教学流程显得有序且标准。

通过这种模式,学生能够接受系统的基础教育,从而在体育基本功方面打下坚实的基础。但是,由于该模式的教学内容偏向传统,可能在趣味性方面略显不足,这有可能导致一些学生感到课堂内容枯燥,难以持续激发他们的学习兴趣和动力。因此,教师在运用三基型教学模式时,应当考虑融入一些创新和有趣的教学元素,以此来丰富学生的学习体验,提高教学的吸引力和效果。

(二)三段型

三段式教学模式是按照大学教学时长分为三个阶段:大一为第一阶段,大二为第二阶段,大三大四为第三阶段。

第一阶段:学校为学生提供广泛的体育基础课程,涵盖多个项目,旨在为学生打下坚实的体育基础,并让他们有机会接触和了解各种体育领域。

第二阶段:学校根据学生的兴趣和专长,提供专项体育课程。这种个性化教学的方式,使学生能够专注于自己热爱的体育项目,并深入学习和实践,从而发挥个人专长,提升技能水平。

第三阶段:学校进一步提供专项选修课。这些课程更加高级和深入,旨在让学生进一步深化对专项体育项目的理解和技能掌握,练就过硬的个人技能。这种递进式的教学模式,不仅照顾了学生的兴趣和专长,还有效避免了学生在多个领域泛泛而学、无一精通的情况。

总的来说,三段式教学模式较为科学、系统地完成了高校学生的体育教学,既兼顾了发展学生的身体素质、体育知识等基础环节,也非常重视学生的个性化发展,能够基本执行因材施教的教学理念。这种教学模式不仅有利于培养学生的体育兴趣和专长,还能为他们打下坚实的终身体育基础,确保他们能够在未来的生活中,继续保持对体育的热爱和追求。

（三）一体型

一体式教学模式特别强调对学生体育意识和体育锻炼习惯的培养。与传统的教学模式相比，一体式注重引导学生在课堂外也能自觉地开展体育运动，而这需要在课堂内培养出对某项运动的兴趣，如此才能激励学生在课余时间也会主动进行体育训练，并将这些运动作为自己生活的常规内容，从而为终身运动打好基础。

实施一体式教学模式需要学校和体育教师在教学中增加对学生兴趣的培养，注重个性化教学，尊重每一个学生的兴趣选择。比如，取消枯燥的课间操形式，将这段时间交给学生自主选择运动方式，可以打篮球，可以练习太极拳，也可以打羽毛球，这样才能充分发展学生的体育兴趣，从而将这些活动延伸到课堂之外和校园之外，养成课内外长期、稳定地进行体育学习和训练的习惯。

（四）并列型

大一阶段，一般会选择并列式教学模式，这不仅是一种革新性的教学模式，同时也符合学生的学习需要。并列式教学模式就是将基础体育课与专项课融合在一起进行。这种模式的核心理念是，让学生在稳固体育基础的同时，能够依据自己的兴趣和热情，精准地选择适合自己的专项课程。我们特别强调学生在课堂上的积极参与，将他们的学习主动性和积极性视为教育的核心动力，确保每位学生都能在学习过程中占据主导地位。

这一模式的特点还体现为，既能让学生主动接收知识，也能全面地发展他们的身体素质和运动技能，做到为学生的全面发展创造良好的条件，而且还能培养他们的自主学习能力和终身学习的习惯，为未来的学习和生活奠定坚实的健康基础。

二、发展中的高校体育教学模式

（一）因地制宜，因校施策

随着时代的进步和教育的不断革新，事物总是呈现出持续向前发展的态势。在这一宏观背景下，高校体育教学模式也紧跟教学改革的步伐，努力寻求创新，以适应不断变化的教学环境和需求。以提升高校体育教学效果为根本目标，教学模式紧密跟随教学指导思想的变革，确保教学内容和方法与时代的发展同步。同时，高校体育教学模式还要紧密结合各高校的实际情况，因地制宜，因校施策。不同高校拥有不同的教学资源、师资力量和学生特点，因此，教学模式的创新应当基于本校的实际情况，充分利用自身的优势，克服存在的困难，确保教学模式的可行性和有效性。

（二）以学生的兴趣和需求为主导

目前较受到关注的是以学生的兴趣和需求为主导的教学模式。一方面，这符合以人为本的教学理念，能够最大程度地撬动学生的内驱力，从而得到最佳的教学效果；另一方面，以学生兴趣为主导开发的教学模式也是最具生命力和发展前景的教学模式，这是未来教育的必然方向。通过引导学生积极参与体育教学活动，激发学生的学习兴趣和热情，调动起学生的自主学习动力，可以进一步提升教学效果。

此外，教师作为教学活动的关键角色，其作用也不容忽视。在这一教学模式中，教师应具备丰富的教学经验，既有扎实的理论基础，又有各种实践能力，进而才能适时地为学生指引方向，才能保证体育教学更好地适应我国教育的整体要求，确保体育教学模式发挥出应有的作用。同时，教师还需要关注学生的学习情况，根据学生的个体差异和需求进行因材施教，确保每个学生都能在体育教学中获得充分的成长和发展。

第二节 高校体育教学模式的改革与发展策略

为了适应社会的发展步伐和时代的进步,高校体育教学模式须及时进行改革,并根据发展的需要和自身条件,有针对性地推进教学改革措施。

一、高校体育教学模式的改革

(一)突破传统教学思想束缚

明确的目标是指引学习之路的灯塔,学生唯有设定清晰的目标,才能坚定地朝着目标迈进。同样,教师在体育教学过程中也必须确立明确的教学目标,精准把握教学的重点和难点,并灵活运用教学技巧。

在体育教学目标的实现过程中,教师应超越传统教学理念的框架,勇于摒弃陈旧的教学思想。教师应积极采纳创新的教学策略,引入现代化教学元素,将体育课堂转变为一个集娱乐与锻炼于一体的综合性平台。

在此教学改革过程中,教师的教学焦点不仅应集中于学生对体育技能和专业知识的掌握,更应重视学生个性化发展的需求。通过营造一个轻松愉悦的教学氛围,教师应促进学生在运动中体验乐趣,以此实现学生身心的和谐发展。此外,教师应将培养学生的终身体育观念、提升体育实践能力、增强学生体质以及全面提升学生综合素质等多维度目标纳入教学设计之中,为学生的健康生活和全面发展奠定坚实基础。

通过这样的教学模式,我们不仅能够推动高校体育教学向着积极的方向发展,还能为学生未来的健康生活奠定坚实的基础,培养出更多具备体育素养和综合能力的人才。

（二）注重高校体育课程结构的优化

为了实现高校体育教学的创新与突破,我们首先需要着手优化高校体育课程结构。在这一过程中,特别要注重信息知识和技能技巧的创新融合。这不仅意味着课程内容的更新,更要求教学方式和手段的现代化,以适应信息时代的发展需求。

与此同时,素质教育创新应成为我们工作的核心。在体育教学中,我们不仅要注重提升学生的身体素质,更要注重培养学生的综合素质。通过多样化的教学活动和实践机会,帮助学生发展团队协作、创新思维、领导力等软技能,以及体育精神、健康生活方式等价值观。

这样的努力旨在促进学生的全面发展,使他们不仅具备强健的体魄,还具备丰富的知识、卓越的能力和良好的品格。通过优化课程结构和创新教学模式,我们为高校体育教学注入新的活力,推动其向着更加积极、健康的方向发展。

（三）注重教师素质水平的提升

要实现高校体育教学的创新,我们不仅要关注课程结构的优化和明确教学目标的制定,还必须高度重视提升教师的业务素质水平。教师的专业素养和教学能力对于推动体育教学模式的创新与改革起着至关重要的作用。如果不加以重视,没有足够的在职培训,没有建立好促进教师持续成长和提升业务能力的机制,那么体育教师就会成为制约高校体育教学发展的障碍。

因此,相关部门和领导应当加强师资队伍的建设和持续培训,加强教师的继续深造,并将教师的教学考核与其职称评定相挂钩,进而督促教师自觉地加强学习,发展自身的创新性思维,完善授课风格等。同时,应鼓励教师积极参与体育教学科研项目,培养他们的科研精神和创新能力。学校还要定期举行校际间的交流活动,拓宽教师的视野,更新其教育理念。尤其还应扩大年轻教师的占比,为教师队伍补充新的血液。

总之,提升教师的业务素质水平是实现高校体育教学创新的关键之一,也是进行教学模式改革的最重要环节,应引起足够的重视。

(四)更新教育观念,树立创新意识

要实现创新教育的目标,我们不仅需要拥有一定数量的教师,更重要的是需要一支素质过硬、富有创新精神的教师队伍。没有这样一支教师队伍的支撑,创新教育将难以顺利推进。

创新型教师具备敏锐的洞察力和丰富的创造力,他们能够巧妙利用各种机会和条件,激发学生的创新欲望,满足学生的心理需求,并在教学过程中不失时机地进行创新素质的培养。这样的教师不仅是知识的传授者,更是学生创造力的启发者和引导者。

现代心理学的广泛研究揭示了创造力在人类社会实践活动中的多维体现,这不仅包括身体运动、语言交流等直观领域,也涵盖了更为抽象的思维和情感表达。在教育领域,尤其是体育教学中,认可并培养学生的创造力显得尤为重要。为了实现这一目标,教育者首先需要通过观察和评估,发现并认识到学生个体的创造力潜能。

然而,传统的教育模式多以知识传递为核心,这种教学观念在一定程度上偏重于学生对书本知识的掌握程度,而忽视了对学生创造力的培养。在这种教育体系下,学生可能过分依赖于教师的指导、课堂的教学和书本的内容,从而在无意中限制了他们创造性思维和解决问题能力的发展。

为了克服这一局限,体育教学应当采取更为开放和创新的教学策略。这包括鼓励学生参与多样化的体育活动,激发他们的探索精神和实践能力;通过团队合作和问题解决等教学环节,培养学生的批判性思维和独立思考能力;通过跨学科的教学方法,促进学生在不同领域的知识整合和应用创新。

此外,教育者还应重视学生个性化的发展需求,通过提供选择性的学习路径和灵活的学习环境,支持学生根据自己的兴趣和特长进行学习。这种以学生为中心的教学方法不仅有助于释放学生的创造潜能,还能促进他们形成积极的学习态度和终身学习的习惯。

总之,通过这样的教学方式,我们可以有效地激发学生的创造力,培养学生的创新精神和实践能力,推动创新教育的深入发展。

二、高校体育教学模式的发展策略

（一）重视教学对象特点分析

在体育教学模式的选用与改革中，深入分析和重视教学对象——学生的特点，是科学决策的重要基石，也是推动教学模式创新的关键切入点。

作为教学活动的主体，学生具有多样性和独特性的特征。因此，体育教学工作者在选择和改革教学模式时，必须充分考虑学生的具体情况。这包括对不同年龄段学生的生理、心理、学习风格和体育需求进行全面了解，确保所选教学模式能够最大限度地满足学生的个性化需求。

通过深入了解学生，体育教学工作者可以更加精准地定位教学目标，有针对性地选择教学方法和教学内容。这不仅能提高教学效果，还能激发学生的学习兴趣和积极性，促进他们的全面发展。

因此，科学选用和改革体育教学模式，必须以学生特点为出发点，做到有的放矢，精准施策。只有这样，我们才能真正实现体育教学的创新与发展，为学生的健康成长和全面发展提供有力保障。

（二）发挥不同教学组织形式的作用

体育教学模式的创新不应仅局限于教师的课堂教学，更应充分考虑到体育教学的多元组织形式。特别是体育俱乐部教学模式，它为传统的课堂教学带来了全新的活力，有效弥补了课堂体育教学组织形式和内容单一的局限性。

在高等教育机构的体育教学体系中，各类体育社团和组织扮演着至关重要的角色。它们不仅为校园文化生活增添了多样性，而且对正式的课堂体育教学构成了有益的延伸和必要的补充。学生通过参与这些团体和组织，得以在课堂之外进一步加深对体育知识与技能的理解，并在实际操作中锻炼团队合作能力、领导力等关键素质。

因此，在体育教学模式的创新实践中，教育者应当积极整合并利用这些体育社团和组织的资源和优势。通过将这些团体和组织纳入整体

第三章 高校体育教学模式的发展现状与趋势

体育教学框架,可以构建一个涵盖课堂内外、多元化和互补性的体育教学模式,从而促进学生体育素养的全面提升。这种综合性的教学模式将有助于学生在体育领域的深入学习和全面发展。这样不仅能够更好地满足学生的个性化需求,提升他们的体育兴趣和参与度,还能够有效促进高校体育教育的整体发展。

(三)借鉴与创新相结合

体育教学模式的创新需要坚实的理论基础作为支撑,以确保改革方向的科学性和实效性。然而,当体育教师对体育教学理论的认知和实践应用能力存在局限时,就需要采取积极的措施来加强理论学习。

具体来说,教师需要持续关注体育教学模式领域的最新研究成果和发展趋势,主动吸收和参考国内外先进的教学模式理论。这涉及对国际上先进的体育教学理念、教学策略和技术的深入理解,以及对国内成功案例和实践经验的学习。同时,教师必须结合自己学校的具体教学条件、教学目标以及学生的个体差异,将这些理论知识本土化,形成具有本校特色的体育教学模式。

在强化理论学习的同时,教师应将理论与实践相结合,勇于在教学中尝试和创新。通过不断探索新的教学方法和技术,教师能够逐步构建和完善自己的教学模式,更好地适应学生的学习需求和特点。此外,教师应重视教学过程中的反思和总结,积极发现并解决教学中遇到的问题,以促进教学模式的不断改进和提高。

总之,体育教学模式的创新需要教师在加强理论学习的基础上,不断实践、探索和创新。只有这样,才能构建出既符合教学规律又富有特色的体育教学模式,为学生的全面发展提供有力保障。

(四)加强教学信息建设

体育教学模式的创新,与现代教学技术的融合密不可分。为了充分利用新教学技术为体育教学模式提供有力支持,我们需要加强校园教学信息化建设。

(1)构建公共体育教学资源共享平台至关重要。各高校应携手合作,共同搭建这一平台,加强校际间的信息交流与合作,从而推动高校体育教学水平的整体提升。

（2）借助多媒体技术，构建完善的校园网。这将为新时代的体育学习提供极大便利，不仅拓宽了学生的学习空间，还打破了时间限制，使体育教学不再受传统模式的束缚，得以在更广阔的平台上展开。

（3）完善校园体育选课信息平台也是关键举措。通过详细介绍和推广各类体育课程，为学生提供及时、有效的课程信息，使他们能够根据自身兴趣和需求，科学、合理地选择体育课程。同时，这也是我们深入了解不同年龄段学生特点、满足他们个性化学习需求的重要途径，有助于更有针对性地进行体育教学模式的改革和创新。

（五）注重体育教学模式评价

为了新时代体育教学模式的改革与发展，需要建立一套简明、科学、操作性强的评价体系，以确保教学评价工作的顺利进行。这不仅符合体育教学改革对教学模式评价的客观要求，还有助于我们及时发现教学中的问题，从而不断完善体育教学模式。在建立健全体育教学模式评价体系时，我们应注重以下几点。

（1）体育教学模式应便于教学记录，以便对教学过程进行监控和评估，及时调整教学策略。

（2）在评价过程中，我们应重视评价反馈信息的全面性和真实性，确保评价结果客观、准确。

（3）评价标准应多元化，涵盖教学效果、学生参与度、创新能力等多个方面，以全面评价体育教学模式的优劣。

第三节　高校体育教学模式的发展趋势

任何一种教学模式本质上都是一个持续演进、自我革新的体系。虽然一种教学模式在形成初期会展现出一定的稳定性，但这并不表示其内部要素和非核心结构是固定不变的。实际上，稳定性是相对的、暂时的，而变化则是绝对的，发展是必然的趋势。随着体育教学改革的不断深

第三章 高校体育教学模式的发展现状与趋势

化,教学理论的演进和教学观念的更新,原有教学模式中的各个要素或结构势必会经历调整、革新,并持续融入新的内容,以保持其活力和适应性。

一、理论研究趋向精细化

就当前社会的发展态势来看,在理论研究方面越来越趋于精细化发展,这也符合事物发展的基本规律。在低垂的果实被采集之后,必然要向着更加深入的方面推进,才能取得新的成果。在新时代背景下,高校体育教学模式的研究和以往相比,更为具体,更加注重实效性,不仅关注模式的整体构建,还聚焦于其在教学应用中的每一个环节和细节,以确保教学模式的实用性和有效性。这种精细化的研究趋势将推动高校体育教学模式的不断创新和完善,为提升教学质量和效果奠定坚实基础。

二、形成途径趋向演绎化

体育教学模式的形成通常沿着两个方向演进:一是从丰富的体育教学实践中归纳得出,二是基于特定的理论框架进行演绎构建。传统的体育教学模式大多源于长期的教学实践积累,它们属于归纳型的教学模式,强调从经验中提炼规律。而当代体育教学模式则更多基于教育学的相关理论进行构建,这些模式倾向于演绎型,它们从理论出发,设计教学方法和策略。

从归纳型向演绎型的发展,不仅反映了体育教学理论及其研究方法的转变,也标志着体育教学科学水平的提升。随着教育理念的不断更新和体育科学研究的深入,体育教学模式也在不断演进和完善。

在现阶段的学校体育教育中,贯彻"健康第一"的指导思想至关重要。为了使学生身心得到全面发展,培养个性,提升创新能力、协作精神和社会适应能力,学校及教师还需要不断探索和创新体育教学模式。这时,运用演绎的方法,基于现代教育理论和体育教学实际需求,创造新的教学模式,成为实现教育目标的重要途径。通过这种方式,可以更好地实现学校体育教学的培养目标,为学生的全面发展作好准备。

三、师生关系趋向合作化

关于教学过程中教师和学生的角色定位,教学领域一直存在热烈的讨论,形成了两种截然不同的观点:教师中心论和学生中心论。在体育教学的实践中,这两种观点分别衍生出了"注入式"和"放羊式"两种典型的教学模式。

"注入式"教学是以教师为中心,教师这一元素对教学有着决定性影响,教学与教师的输出直接相关,教学活动是以教师对学生的"注入"为主要方式进行。因此,教师的学术基础、基本功以及运动偏好直接决定着教学效果。同时,这种模式往往导致学生的学习变得被动和机械。

"放羊式"又过分强调了学生的自主性,将学习的权利完全交给学术,让学生自主管理。然而,这种模式也带来了新的问题,因为缺少了教师的强制性管理,学生的学习效果变得非常随机和无序,难以达到高校的体育教学目标,无法保证教学任务的完成。

这两种教学模式的缺陷促使我们重新思考教师和学生的关系。现代教育理念强调既要发挥教师的主导作用,又要尊重学生的主体地位,激发学生的学习积极性和主动性,培养他们的创新思维和实践能力。因此,教师和学生共同合作,共同完成教学任务,已成为现代教学模式的一个重要发展趋势。这样的教学模式旨在实现教师和学生的双向互动,促进师生共同成长和进步。

四、技术手段趋向现代化

随着科学技术的迅猛进步,现代体育教学媒体如雨后春笋般涌现,这不仅极大地丰富了教学中信息传递的多样性,也深刻推动了体育教学模式的革新。众多体育教学研究者紧跟时代步伐,纷纷投身于此领域的探索,催生了一系列新颖的体育教学模式。这些模式显著地体现了对现代科技新成果的融合与应用。

例如,在体育教学中,多媒体教学被广泛应用于帮助学生构建正确的技术动作表象,使得抽象的概念具象化,有助于学生更好地理解和掌握动作要领。而在健美操课程中,多媒体技术更是培养学生创编能力的得力助手,通过丰富的视频和音频资料,激发学生的创新思维和创作灵感。

在教学过程中,通过充分利用现代教学手段,将学生的视觉与听觉巧妙地结合,不仅增强了学习的趣味性,也显著提升了教学效果。这种教学模式的变革,不仅提升了学生的学习体验,也为体育教育的未来发展注入了新的活力。

五、教学形式趋向综合化

就国外的高校体育教学模式而言,无论在教学思想方面,还是体育教学实践上,都展现出了各自独特的魅力。通过对比分析这些模式,有助于我们更清晰地审视自身,并吸收借鉴其合理成分、积极因素与先进之处。在全面理解国外体育教学模式的现状后,可以有选择地"引进"国外教学模式中的精华,通过相互学习交流,为我国体育教学模式的创新与重构提供宝贵的经验。

为了这一目标,于下一节将以美国、日本和德国等体育教学发展先进的国家为例,与我国体育教学模式进行横向比较,希望能够从中得到启发,从而推动我国体育教学模式的改革。

六、教学模式趋向多样化

随着教学实践的深入与需求的演变,新的教学思想如雨后春笋般涌现。人们依托多学科的研究成果、尖端技术和创新方法,成功构建了一系列崭新的教学模式,形成了体育教学模式多元化并存的发展态势。随着体育教学改革步伐的加快,一系列先进的教学模式被引入体育教学领域,诸如"发现学习模式""俱乐部制教学模式""合作教学模式"以及"小集团竞争模式"等,它们各自在体育教学中展现出独特的魅力。

在体育教学实践中,教师应根据具体的教学情境、学生的特点和教学目标,灵活选择和应用合适的教学模式,以实现最佳的教学效果。同时,教师也应不断探索和创新,结合新的教学理念和方法,开发出更多具有针对性和实效性的体育教学模式,为体育教育的发展注入新的活力。

第四节　国外体育教学模式及对我国的启示

通过深入研究和对比国外体育教学模式,能够看到各国在体育教学中积累的大量宝贵经验,这些经验有很多可以为我国所借鉴,从而缩短我们自己摸索的时间,提升我国体育教学的教学效率。

一、国外体育教学模式对比

(一)美国——动作教育

动作教育,亦称"运动教育",源自英国,自 20 世纪 60 年代在美国推广后,已成为全球范围内具有显著影响力的体育教学流派。目前,美国和英国等国家均将动作教育视为传授动作技能的首选方法。1963 年,Cassidy 和 Brown 对其做出了较为公认的定义:动作教育是指在个体与环境相互作用的时空里,促使个体运用自身能量体系,实现位置上的变化。

动作教育的核心在于发掘学生的全部潜能,而非仅仅教授特定的运动项目。它侧重于传授基础的动作概念和技能,将运动项目解构为基本的动作技巧或动作单元。

在教学实施过程中,教师会依据全班学生的运动能力,设计适当的运动(这些活动可以根据学生的实际情况进行调整,以鼓励学生创造出更多样化的动作)。学生则需要在教师的引导下,自主设定学习目标和练习计划,自由探索适合自己的运动类型(如对教师提出的问题提出多种创新的解决方案,或编创简单的游戏和动作),并自主评估学习成果。

由于动作教育强调学生的自我探索和发现,它对学生的学习积极性、教师的启发式教学技巧、教学方法的选择、学生的体育基础和创造力都有较高的要求。只有这些因素得到充分满足,才能确保动作教育取得理想的教学效果。

(二)日本——快乐体育

日本是较早倡导"终身体育"这一教育理念的国家之一。提倡"终身体育"必然绕不过"快乐体育",因为,只有学生在体育中获得不可替代的快乐,才会有持续的动力去长期开展体育活动,并主动克服其间遇到的各种困难,实现将体育运动作为自己终身的生活内容。因此,"快乐体育"在很长时间内成为日本体育教学的核心指导思想,该教学模式强调在体育教学中,应摒弃强制性的教学手段,转而尊重学生的自发性、自主性、自律性和个体差异,使每位学生都能深刻体验到体育运动的乐趣。因为以上传统的教学模式恰恰会扼杀学生进行体育活动的热情和积极性,与"快乐"相悖。相反,日本非常注重在体育教学中让学生享受运动的过程,从而深化其对运动乐趣的理解和感受,进而提升他们享受体育乐趣的能力。一旦对某项运动产生浓厚的兴趣,学生会自发地克服体育训练中的艰苦和枯燥,为了获得更好的体能,完成高超的运动技能,学生愿意拿出时间、付出努力,直至实现目标。

在这一模式下,学生的主体地位被特别强调。教师需要站在学生的角度,深入理解运动的本质,并基于此来准备教学内容、设计教学策略,以适应学生的个性化需求,确保学生能够以自主、自愿和愉悦的心态参与体育学习。学生在教师的引导下,可以根据个人情况设定学习目标,并通过参与练习、游戏或竞赛等活动,享受运动带来的乐趣,提升自身的运动技能。

在这种教学模式下,学生需要主动参与体育学习中,积极探索和体验运动的乐趣,而教师则需要具备深厚的体育知识和教学技巧,以引导学生正确、有效地进行自主学习。

(三)德国——个性化教育

作为体育强国,德国在体育教育方面也走在世界的前面。20世纪70至80年代,联邦德国开始重视对体育教学的研究,尤其是针对其中的弊端展开了深入的理论研究。通过大量学者的潜心研究发现,传统的体育教学模式较为僵化,这种僵化表现为,教育工作者认为体育教学就是将自己的知识和经验直接"移植"给学生,即将教育简单化为"复制"和"黏贴"的过程,现在看来,这种认识显然是粗浅的,也是反人性的。

受杜威实用主义教育思想的深刻影响,德国的体育教学理念逐渐转向培养学生的能力、个性和社会行为。因此,该模式特别重视学生的主体地位,提倡自主学习、创造性学习和解决问题的学习,一改以往传统刻板的教学模式,因而在对学生的主动性和创新精神培养方面取得显著成绩。同样受到杜威教育思想的影响,欧洲许多国家也采取了与德国相似的教育模式,并对这些国家的体育发展起到明显的积极影响,其中英国、法国、比利时、奥地利等国家在体育教学方面也展示出了各自的骄人成果。

二、国外体育教学模式的特点

(一)聚焦学生健康,推动身心和谐共进

在全球教育发展的浪潮中,健康是各国体育教育共同关注的焦点之一。体育课程作为学校教育的重要组成部分,将促进学生的健康发展作为其核心目标。从国际视野来看,无论哪个国家,都将体育教学作为增进学生健康、实现其身心和谐发展的重要手段。

健康,作为当今社会发展的核心议题,不仅受到全球公民的普遍关注,更是每一位教育工作者的神圣职责。这种理念也深深植根于各国的体育课程目标之中,特别是在美国,其体育教育体系更是将健康促进放在首要位置,通过多元化的体育教学活动,助力学生身心健康的全面发展。

(二)以培养学生的个性发展为核心

体育课程是一项针对广大学生群体的综合性教育活动,其特点在于覆盖面广泛且针对性强。在这一教学过程中,体育教师的主导作用与学生的主动参与需紧密结合,持续关注学生的实际需求,并尊重他们的个体差异与个性发展。

第三章 高校体育教学模式的发展现状与趋势

在国际教育领域,体育课程的设置也充分体现了对学生需求的关注与尊重。以新西兰为例,其体育课程的设计理念强调为每一位学生提供平等的学习机会,确保课程实施目标的达成能够充分满足学生的个性化需求。而在美国,体育课程同样注重学生的个性化发展,通过多元化的教学内容和方法,激发学生的兴趣和潜能,培养他们的体育素养和终身运动的习惯。

(三)以培养学生的学习能力为目标

在大洋洲的一些国家,如澳大利亚和新西兰,在体育教学方面则强调跨学科学习,即非常重视培养学生的综合能力,学生不仅要掌握体育技能,还同时具有强有力的思考能力、分析能力,以及稳定的价值观和人生信念的培养。因为强调对学生共通性能力的培育,使得澳大利亚在体育方面也较为领先,在很多项目上都有着较强的实力,可以说这和他们的教育理念有着密切的关系。

新西兰国家体育健康课程标准则侧重于通过体育课程教学发展学生的体育运动技能,形成以学生为中心的课程核心价值理念,使学生获得对体育知识的深入理解与掌握,从而形成对身体活动的正确认识与积极态度。这些标准均体现了对学生学习方式及其影响的深刻认识。

(四)实施竞技运动式的教学模式

国外的学校体育课程,非常重视采用竞技运动教育模式,这与西方国家的基本价值观有着密切关系。在西方文化中,鼓励年轻人发展个性、展示自我,因此,采取竞技运动教学模式能够与这一价值观念很好地吻合。

通过竞技运动教育模式,学生不仅能够学习到体育运动的基本知识、技术、技能和战术,还能深入理解体育比赛的规则,培养团队协作能力和尊重规则的精神,并培养学生适应"良性竞争"这一社会常态。

在这种教学模式下,学生的自我意识和竞争意识得到鼓励,他们会积极组织比赛、参加比赛,能够勇敢地面对挑战,这为他们日后适应社会奠定了坚实基础。

（五）健康生活的教育模式

在健康观念日益深入人心的大背景下，各国学校体育课程纷纷将体育与健康紧密结合，提出了体育促进健康的课程改革理念。为了培养学生形成终身体育习惯，保持健康的体魄，美国学校体育课程进行了全面改革，将学生在日常生活中喜爱的活动元素融入体育教学内容中。

健康生活教育模式着重于教育与生活的无缝对接，致力于培养学生终身体育习惯和健康生活方式。该模式强调在健康生活的实践中，不断锤炼学生的自我控制力和自主学习能力，让他们在面对各种生活挑战时都能保持积极向上的态度，从而享受健康、快乐的生活。

三、我国当前体育教学的主导模式

通过大量的资料研读和实地考察不难发现，我国当前体育教学的主导模式具有明显特点，主要体现为以下两点。

（一）体育教学过程遵循固定顺序

我国体育教学长期遵循一套既定的教学程序，这些程序旨在确保全国范围内的体育教学都能符合一定的质量标准。这些教学程序和顺序的设计，是基于体育学和运动学的科学原理，充分考虑了学生的身体成长需求和自然规律。同时，教学内容和方法也会根据实际情况的变化进行适时调整，以适应不同学生群体的特定需求和社会发展的要求。

在教学实施过程中，教师会根据学生的反馈、教学效果的评估以及教育政策的更新，灵活地调整教学计划和教学方法。这种调整既保持了教学内容的连贯性和系统性，又确保了教学活动能够紧跟时代的步伐，满足学生全面发展的需求。

此外，我国体育教学也在逐渐引入新的教学理念和技术，比如信息技术的应用、跨学科教学方法的融合等，以提高教学的互动性和趣味性，激发学生的学习兴趣和创造力。通过这些措施，体育教学不仅能提升学生的身体健康水平，还能培养其意志品质、团队协作能力和社交技能。

一般而言，高校的体育教学大多以分组的形式进行，体育教师首先

第三章　高校体育教学模式的发展现状与趋势

讲授本节课的重点和难点,然后按照学生的技术水平和身体素质情况进行分组,最后进行实践练习。当前的教学过程并非以认知、情感和团队协作的规律为主导。因此,教学过程主要侧重于技术的传授和熟练化,以及课内的身体锻炼,相对忽视学生对运动和乐趣的初步体验,以及在学习技术之前对运动的整体感知。

(二)强调技术的传授和熟练掌握

大部分课程在教学目标上过于强调技术的传授和熟练掌握,以及由此带来的身体锻炼效果。在教学组织设计上,明显偏向于教师主导的方式,如过分强调教师的示范而忽视学生的观察,重讲解轻提问,强调被动管理而忽视学生的主动探索。这种教学方式使得"练"成为主要的教学目标,而"想"和"懂"被边缘化,教师的管理作用被过度强化,而学生的主动学习则被忽视。

总之,和发达国家相比,我国的体育教学模式还有较多的不足之处,存在较大的提升空间,应及时向国外学习和借鉴。

四、国外体育教学模式的可借鉴之处

国外体育教学模式对我国有多方面的启示,主要体现在以下几个方面。

(一)以学生为中心的教学理念

在西方教育体系中,以学生为中心的教育理念已被广泛采纳,并且在实践中取得了显著成效。这一理念不仅在体育教学中得到体现,而且在其他学科的教学中也同样被重视。国外教育体系鼓励学生根据自己的兴趣和需求选择体育活动和学习内容,从而真正实现个性化教学。

这种以学生为中心的教学方式,将学生的个性发展置于核心位置,从学生的兴趣出发,激发他们的学习热情,促使学生更加投入和积极参与学习过程,从而提升教学成效。

鉴于此,我国教育界应当积极吸收和融合这一先进的教育理念,切实将其应用于体育教学实践之中。在实施过程中,应避免采用单一的、

标准化的教学模式,而是致力于发掘和尊重每个学生的独特性,重视个体差异,提供多样化的课程选项,以适应不同学生的需求,确保每个学生都能在体育教学中找到适合自己的位置,实现自我发展和提升。通过这种个性化和差异化的教学方法,可以更有效地激发学生的学习动力,提高教学效果,促进学生的全面发展。

（二）多元化的教学内容和方法

国外的体育教学模式以其内容和方法的多样性而闻名,它们不仅不断精进传统的教学方法,还积极整合了现代科技元素,如多媒体技术和可穿戴设备,来丰富教学手段和提升学生的学习体验。这种综合性的教学策略不仅提高了学生的课堂参与度,也增强了他们的学习动机,从而显著提升了教学成效。

为了进一步提升我国体育教学的质量和效果,我们可以从国外的做法中汲取灵感,采纳更加多元和创新的教学内容与方法。具体来说,我们可以采用如下作法。

（1）引入新兴体育项目,将新兴或流行的体育活动,如极限飞盘、攀岩、瑜伽等纳入体育教学课程中,以吸引学生的学习兴趣。

（2）利用科技手段,运用智能手环、运动追踪器等可穿戴技术来收集学生的运动数据,通过数据分析来个性化调整教学计划和锻炼强度。

（3）采用多媒体与互联网技术,通过视频演示、在线互动平台和虚拟仿真等手段,为学生提供更加直观和互动的学习体验。

（4）通过跨学科教学,结合体育与其他学科,如生物学、营养学等,让学生在体育活动中学习相关的科学知识,增强学习的深度和广度。

（5）制订个性化教学计划,根据学生的个人兴趣、体能水平和学习目标,设计个性化的教学计划,提升学生的学习效率和满意度。

（6）通过团队合作与竞赛,鼓励学生参与团队体育活动和竞赛,培养团队精神和竞争意识,同时提高体育活动的趣味性和挑战性。

通过这些创新的教学策略,我们可以为学生提供一个更加丰富多彩、充满挑战和乐趣的体育学习环境,激发他们的学习热情,促进他们的身心健康和全面发展。

（三）强调实践和体验的教学方式

国外的体育教学模式特别强调通过实践和体验来引导学生学习,这种互动性的教学方法使学生在亲身参与体育活动的过程中,不仅能感受到运动的乐趣,还能深刻理解到体育活动的价值和意义。这样的教学策略有助于学生树立积极的运动观念,激发他们对体育活动的内在兴趣,从而培养起终身参与体育活动的意愿和习惯。

为了提升我国体育教学的质量和效果,我们可以从国外的教学实践中汲取经验,通过以下几个方面来增强体育课程的实践性和体验性。

（1）以活动为导向的教学：设计以活动为中心的教学计划,让学生在参与各种体育活动的过程中,学习运动技能和体育知识。

（2）体验式学习：通过角色扮演、模拟比赛等体验式学习方法,让学生在模拟的或真实的体育情境中学习和成长。

（3）个性化教学：根据学生的兴趣和能力,提供个性化的运动项目选择,让学生在自己喜欢的体育活动中得到更好的发展。

（4）情感教育：在体育教学中融入情感因素,强调团队合作、公平竞争和运动精神,培养学生的责任感和集体荣誉感。

（5）技术融入：利用现代信息技术,如视频分析、在线互动等,为学生提供更加丰富和便捷的学习资源和平台。

（6）健康教育：结合体育教学,普及健康知识,让学生了解运动与健康的关系,增强他们的健康意识和自我保健能力。

（7）评价机制：建立全面而公平的评价体系,不仅评价学生的运动技能,还要评价他们的参与度、进步情况和团队合作精神。

通过这些措施,我们可以使学生在享受运动的同时,提高他们的体育素养,培养他们的运动能力和终身体育习惯,从而为学生的全面发展奠定坚实的基础。

（四）重视评价和反馈的体系

与国内相比,国外体育教学非常重视评价和反馈,通过虚心听取各方意见,不断改善现有教学模式,从而获得强有力的教育实力。这与西方文化中务实、理性的固有观念有着密切的关系,因此,他们听取各方的评价和意见作为促进进步的一种途径。而东亚文化根深蒂固的等级观念导致人们对"评价"有一种抵触情绪,容易与批评联系起来。我们的文化中总是弱化评价这一环节,因此,应转变观念,加强对教学评价和反馈体系的建设。

第四章 高校运动教育模式及其应用

体育的运动教育模式在我国高校的体育教学中非常普遍,具有较为广泛的影响力。本章将对此展开具体的分析。

第一节 运动教育模式的基本理论

一、运动教育模式的概念与指导思想

(一)运动教育模式的概念

运动教育模式,是一种注重学生的运动技能、运动热情、运动文化素养培养的体育教育模式。具体来说,体育教育模式是这样一种教学模式,它将整个教学周期不同的教学单元扩展为不同的"运动季",将学生进行实力相当的团队划分,通过体育教学竞赛活动组织,运用直接教授、同伴教学、合作学习、团队协作、角色扮演等形式为学生创造丰富的运动情境,以促进学生对体育知识、技能等的掌握。[①]

(二)运动教育模式的指导思想

"以人为本"的教学指导思想在运动教育模式中占据核心地位,它

[①] 赵伟. 我国高校体育专业引入运动教育模式的理论研究[D]. 广西师范学院硕士论文, 2016.

不仅是新时代体育教学的重要指导原则,更强调了体育教学中"学生为主体,教师为主导"的教育理念。这一理念深刻体现了对体育教学对象——学生的高度关注与尊重。

传统的体育教学往往围绕具体的体育器物进行,例如在球类教学中,师生主要聚焦于球进行练习;舞蹈操类教学,则围绕操类动作和舞步展开。这种以器物为中心的教学模式,往往忽视了人在体育运动中的核心作用,未能充分关注学生的体育参与、认知过程以及学习规律,缺乏科学性和人性化。

然而,在"以人为本"的教育教学思想指导下,运动教学模式发生了根本性的转变。它不再仅仅围绕体育器物展开,而是聚焦在"人"本身——学生上。在这样的教学模式下,体育教学活动的每一个环节都以学生为中心,旨在促进学生的全面发展。同时,这也促使体育教师的教学理念发生了重要的变化,他们开始更加注重学生的主体性和参与性,致力于构建一个更加科学化、人性化和富有成效的体育教学环境。

在运动教育模式中,学生的需求、兴趣和能力成为教学设计的出发点和落脚点,教师的角色也从单纯的知识传授者转变为学生学习过程中的引导者和合作伙伴。该模式以培养学生体育学习兴趣为主导,通过因材施教的教学策略,有效激发学生的体育学习与参与动机。在教学过程中,运动教育模式注重学生之间的合作与竞争,旨在营造一个积极、互动的学习氛围。通过科学的教学活动组织,该模式努力确保每位学生都能积极参与体育活动中,体验运动的乐趣,从而持续保持对体育的热爱与参与。

二、运动教育模式的特点

运动教育模式秉承"人本"理念,将学生置于教学活动的中心,相较于传统游戏形式,更偏重竞技元素的融入。在这种模式下,教学策略的创新体现在多个方面:通过设立运动季、构建团队合作框架、组织不同水平的竞赛活动,以及实施基于积分的评分机制来体现。这些创新的教学安排共同塑造了一个充满挑战与竞争的环境,同时又不失合作精神,有效提升了学生的参与热情。通过这样的教学模式,学生的体育竞技技能得到锻炼,体育竞技精神得到培育,同时也促进了学生个体与团队的和谐发展。

第四章 高校运动教育模式及其应用

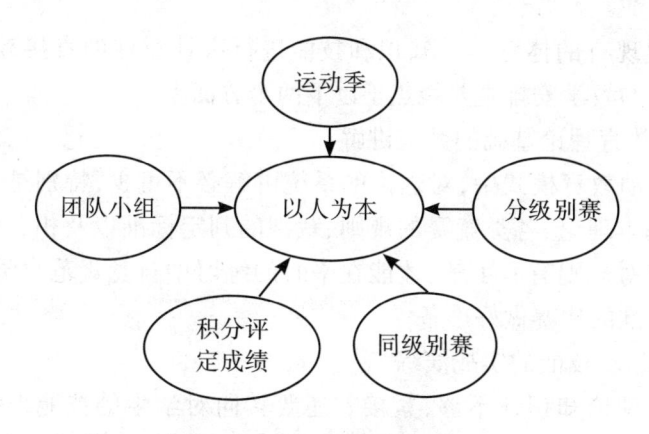

图 4-1 运动教育模式的构成

（一）运动季

运动教育模式将体育教学过程视为一个个运动季来进行划分和教学组织安排。以运动季为一个教学单元，不仅符合体育运动的特点，也有助于学生直观地理解和安排训练，从而保证学习、训练的相辅相成又不会互相制约。运动季教学模式相对传统的教学模式具有一定的创新性，便于教师根据阶段特点制订相应的教学活动计划，以确保教学任务的针对性和实效性。

对于学生而言，这样的划分还能督促学生在每一个阶段都能自觉地分配学习时间和精力，以培养体育训练或者体育竞赛的举行。比如，有了季前、季中和季后这样明显的划分，学生自然就内化了一条与体育运动教学相一致的学习计划，知道在什么时候拿出多少时间进行训练，从而提升了教学效果，也使学生的学习和训练更有针对性，从而提升他们的比赛策略和竞技水平，并且一旦习惯了这一模式，还对学生在其他方面的学习也产生积极影响，督促他们合理分配时间，高效完成学习任务。

通过这种分阶段、有针对性的教学模式，运动教育模式能够更好地满足学生的个性化需求，激发他们的学习热情，促进他们的全面发展。

1. 赛前练习阶段

在运动季拉开序幕的初始阶段，教师扮演着至关重要的角色，他们针对学生现有的体育运动知识和技能进行有针对性的直接教学指导。这一阶段的教学安排主要聚焦于以下两个方面。

（1）体育理论基础的系统讲解

在运动教育模式中，对理论的系统讲解必不可少，特别是关于体育竞赛的基本理论、各类竞赛的规则、裁判的判定标准以及相关的体育知识。只有对规则有所了解，才能在平时的练习中自觉规范自觉的行为，为进行标准的比赛做好准备。

（2）运动技能的实战演练

有了理论知识还不够，紧接着还要转向对学生的技能训练。实践表明，体育教学中让学生亲身感受实战是进步最快的教学方式。因此，在运动教学模式中，应加强实战演练的内容，这种方式非常有助于学生掌握正确的运动技巧，与此同时，还能培养他们的团队协作能力和比赛意识。

2. 季前期

在运动教育模式的框架下，季前期扮演着至关重要的角色，其核心教学目标是为即将到来的基础性教学竞赛做好充分的准备。以下是季前期教学活动的具体安排。

（1）学生能力评估与分组

教师首先对学生的体育能力和潜力进行全面的评估，以便根据学生的个体差异进行分组。分组时，教师确保各组实力均衡，同时为每位学生在团队中分配明确的角色，以利用他们的个人优势和团队贡献最大化。

（2）运动技术与团队协作培养

在教师的引导下，学生将系统学习各项运动技术，包括动作细节和战术配合。教师鼓励学生之间进行积极的交流与合作，以培养团队精神和协作能力，为后续的竞赛活动奠定基础。

（3）赛程规划与个性化学习计划

教师与学生共同参与赛程表的制定，明确每场比赛的具体时间和对手，确保赛程的透明性和公平性。在此过程中，教师会认真听取学生的反馈，确保赛程安排合理，并根据赛程为每位学生定制个性化的训练和学习计划，帮助他们有效准备即将到来的比赛。

第四章 高校运动教育模式及其应用

3. 季中期

季中期是运动教育模式中对战术应用进行深入介绍的阶段。在这一阶段,教学安排主要围绕以下两个方面展开。

(1)教师会组织学生进行小组配合练习,通过反复的实践演练,帮助学生明确各自在运动中的角色分工,并加强团队成员之间的默契配合。这样的练习不仅有助于提升学生的团队协作能力,还能让他们更好地理解和掌握战术要点。

(2)教师会组织小组内比赛,让学生在实战中检验所学,进一步掌握体育技战术。通过比赛,学生可以更加深入地理解战术的应用场景和变化,提高应对复杂比赛情况的能力。同时,教师也会根据比赛情况,及时给予学生反馈和指导,帮助他们改进和完善自己的技战术水平。

4. 决赛期

决赛期是运动教育模式的高潮阶段,教学活动主要包括经验交流和比赛两部分。虽然以教学比赛为主轴,但本阶段同样重视不同学习小组间的经验交流,以达到互相学习、共同进步的目的。

(1)经验交流:在决赛期,各小组之间会开展友谊比赛。这不仅是为了检验学生的训练成果,更是为了提供一个平台,让学生们在比赛中交流运动经验,分享心得体会。通过友谊比赛,学生们可以观察到不同小组的战术运用、配合默契度以及队员们的个人表现,从而相互学习、取长补短。

(2)比赛:作为整个教学的最终活动,决赛将依据先前制定的比赛规程进行。这场比赛不仅是学生们展示自己训练成果的舞台,也是检验他们团队协作能力和竞技水平的重要时刻。教师将与学生共同参与比赛的组织工作,确保比赛的顺利进行。同时,比赛过程将进行录像,以便赛后回顾与评价,帮助学生更好地总结经验教训,为今后的训练提供有益参考。

(二)团队小组

运动教育模式的一大显著特点在于团队合作,它强调通过精心设计的分组策略,让学生在协作中共同成长。在体育教学中,分组进行学习和训练是一种非常有效的教学模式,也因此成为最常见的体育教学模式。在高校的体育教学中,由于学生都是具有一定自我管理能力的大学生,他们在领悟力、学习力和团队配合协作方面具有较好的基础,因此,在体育教师完成重点讲解之后,一般都会进行分组练习,让学生以团队协作的方式进行学习和训练、团队小组的学习模式有助于学生体验运动技巧的难点与重点,并在与同学的交流中加深理解,不断进步。

在进行分组时,教师应注意合理分配,无论是小组的人数,还是组员之间的运动水平、领悟能力,都应该有所考虑,目的是尽量让每个小组都能得到很好地锻炼,小组成员之间能够很好地配合,小组由多元性格组成,这样有助于学生之间形成功能完整的学习小组。

具体而言,在分组时教师应主要考虑以下两个因素。

(1)角色扮演:让每个学生都有机会扮演不同的角色,从而获得全面的学习体验,也能更好地发掘自己的优势。比如,在篮球训练中,要尽量让学生有机会担任不同位置的角色,充分调动和展现其运动潜能,为后面的进一步分工做好准备。

(2)责任分担:通过承担小组内的不同责任,让学生发展自身的能力,从而使他们的团队配合能力、社会协作能力以及人际沟通交流能力得到很好的训练。

(三)教学比赛

运动教育模式紧扣竞赛活动,将比赛作为教学核心。在运动季中,正式比赛是教学推进的关键,而小组练习则穿插其中,既检验学习成效又激发学习热情。这些练习环节是技能训练的延续,同时对培养团队合作和比赛策略至关重要。学生在小组练习中实践磨合,共同制定战略,提升团队竞技水平。教师通过观察练习,评估学生表现,及时调整教学方法,确保教育模式的有效性。

比赛与小组练习在运动教育模式中相得益彰,促进学生技能提升和

第四章　高校运动教育模式及其应用

团队精神培育。这种教学模式以竞赛为主导,小组练习为补充,使运动教育更加生动、有趣且有效。

(四)最终比赛

运动教育模式以一场激动人心的最终比赛作为整个运动季的压轴戏,这不仅为整个运动季赋予了深刻内涵,也为所有学生提供了一个展示自我、参与体育活动的绝佳平台。

在比赛中,教师扮演着至关重要的角色。他们需注重营造一种积极、正面的竞赛氛围,确保每位学生在欢乐和激情中参与比赛。更重要的是,教师要强调学生以积极的心态面对比赛结果,无论是胜利的喜悦还是失败的失落,都应视为体育参与过程的一部分。教师应该鼓励学生享受比赛过程,体验运动带来的快乐,让这种快乐体验超越竞赛失利带来的短暂失落。

通过比赛,学生不仅能够展示自己的运动才能,还能在团队合作中增进友谊,培养竞技精神,让运动季成为他们难以忘怀的宝贵经历。

(五)积分评定

举办赛后庆祝活动,旨在营造积极的体育教学与学习氛围,激励学生持续参与体育学习,并提升他们的体育竞赛文化素养。活动中,强调运动比赛的传统与仪式,让师生体验比赛的文化内涵。对优秀团队和个人进行表彰,肯定其努力与成就。同时,通过拍摄影视资料,记录珍贵时刻,以此维持并激发师生对体育运动的长期热情和参与度。

第二节 高校体育教学中引入运动教育模式的必要性与可行性

运动教学模式是一种非常基础的、重要的体育教学模式,在我国的高校体育教学中发挥着不可替代的作用,在研究高校体育教学模式时,运动教育模式是其中不可逾越的一个环节。本节将具体分析采用它的必要性、可行性,进而深入理解运动教学模式的意义和价值。

一、运动教育模式进入高校体育教学的必要性

(一)程序化操作的发展需要

体育教学无疑是一个高度综合且复杂的系统,其教学过程展现出显著的开放性,并受到众多内外部因素的交互影响。为了保障体育教学活动的科学性和有序性,必须依据一套系统化的教学操作流程。运动教育模式为高校体育教学提供了一种科学的程序化操作方法。

在运用运动教育模式的过程中,教学流程被视作一个完整的运动季,这一概念使得教学活动更紧密地围绕实际的体育竞赛和活动的组织与参与展开。

(二)多元目标实现的要求

体育教育旨在促进学生在身体、心理和社会适应等多个关键领域的全面发展。在实现高校体育教学的多元化目标过程中,运动教学模式所创造的特殊教学环境发挥着至关重要的作用。而运动教学模式对于实现各项体育教学目标具有不可替代的作用。这首先与运动教学模式的基本设置有关,在运动教学模式中,会非常强调体育运动竞赛的部分,前期教师带领学生提升身体素质,发展运动技能,研究比赛规则,以及对技战术的不断研究,都是为了在比赛中获得优势,拿到优异的成绩。其次,运动教学模式通过小组训练和比赛的形式,对促进学生发展竞争意识,培养协作能力都具有深远的影响。一般而言,那些曾经长期参加集体体育项目训练的学生,往往会具有融洽的人际关系,在进入社会之后,也更善于寻找资源,通过与他人合作取得更大的成就。

另外,运动教学模式对于培养学生的心理品质也具有显著效果。通过与团队成员的协同努力,彼此互相激励,学生更容易取得成绩,同时,通过全身心投入竞争,也培养了学生的拼搏进取精神,这对他们日后的发展具有积极意义。比如,在遇到挫折和打击时,经受过多次竞赛磨砺的学生会表现得更有韧性,并发展出强大的自我激励能力,这不仅有助于学生的个人成长,也对他们未来在社会中的适应与发展具有积极影响。

(三)落实素质教育的需要

高校体育教学素质教育思想的贯彻与多元化体育教学目标的实现是相辅相成的,它们共同构成了高校体育教育的核心。在新时代,实现高校体育的素质教育主要体现在以下几个方面。

1. 引导学生构建全面的体育知识体系

素质教育是我国对学生全面培养的一种具体体现,在传统的体育教学模式下,更注重对学生的运动技能和身体素质的发展,却忽视了体育精神、精神品质和心理素质的训练,从长期来看,仅仅获得一些运动技能远远低于体育精神和心理素质对一个人的影响。因此,国家开始提倡素质教育,推行体育教学的全面育才功能。在新的教育理念下,体育教学逐渐向着引导学生构建全面体育知识、发展健全人格的方向转变,在体育运动中,培育学生坚毅、勇敢的宝贵品质。

2. 全面提高学生的体育文化素养

在现代高校体育教育的广阔天地里,始终贯穿着"以人为本"的核心理念,这一原则将学生的需求和健康放在首位,强调"健康第一"的重要性,并倡导"终身体育"的长远目标。这些先进的教学思想,如同一盏明灯,为体育运动的教学实践指明了方向。

特别是在这个新时代,高校体育教育更加凸显其以学生为中心的特色,所有的教学活动都紧密围绕学生的全面发展展开。它不再是单一的知识传授,而是更加注重学生的个性化需求,关注他们的身心健康和体育技能的培养。

在这一背景下,"运动教育模式"应运而生,为学生们提供了一个直观而真实的运动情境。在这种模式下,学生们不再是单纯的被教育者,而是成为运动的积极参与者,他们在实践中感受体育运动的魅力,体验每一次胜利的喜悦。

体育对人的影响可以通过由内而外和由外而内两个方向进行。比如,学生通过参加体育竞赛,能很好地发展他们的体育文化素质,从身体的强健到心理的强大,是一个全面提升的过程。而且,体育教学活动对学生的影响是方方面面的,以竞赛为例,在比赛中,学生能够充分体验到团队齐心协力的集体感,无论是在赛场上奋力拼杀的选手,还是在赛场外为团队摇旗呐喊、鼓劲加油的同伴,都能深切地感受到集体的力量,这种集体的凝聚力和荣誉感,会在他们未来的人生道路上激励着他们不会轻易放弃,坚信有人关心着他们,支持着他们。另外,无论比赛多么激烈,双方都会坚守体育精神,以公平公正的方式进行竞争,这种体育精神,也会内化为学生的道德和礼仪规范。这些宝贵的体验,将伴随他们的一生,成为他们人生道路上不可或缺的精神财富。

总之,通过体育运动能够带给学生多方面的影响,不仅提升他们的体育技能,增强体质,还从内在影响着他们的人生选择,这种高度人文化的教学方式,正是体育教学重要性的体现。

3. 培养符合现代社会发展要求的人才

运动教育模式的教学实施,从运动季启幕至最终竞赛落幕,学生始终在团队中共同学习和竞技。每一个团队都如同一个微缩社会,其中的人际关系反映了真实社会中人与人的互动。整个体育教学周期不仅是学生体育技能的培养过程,更是他们社会角色认知的正迁移。

在这一过程中,学生潜移默化地学习如何交流、沟通、组织、协调和管理,各种能力得到锻炼和提升。这种教学模式不仅有助于增强学生的体育技能,更促进了他们的社会适应性发展,为他们未来在社会中的立足和发展奠定坚实基础。

二、运动教育模式进入高校体育教学的可行性

(一)运动教育模式的理论支持

长久以来,我国一直高度重视体育教育事业的繁荣发展,但在多种复杂因素的影响下,我国的体育教学在理论与实践方面相较于发达国家,确实存在着显著差距。这种滞后性不仅影响了学生的体育兴趣和参与度,也制约了我国体育教育的整体发展。面对这一挑战,我国教育部门积极寻求改革与创新,以期缩小与发达国家的差距,推动体育教育事业的蓬勃发展。

2002年,教育部提出了一个重要的教育政策方向,明确指出我国体育教学应致力于全面促进学生的发展。这包括在运动参与、运动技能、身体健康、心理健康以及社会适应等多个方面,为学生提供一个全面的体育教育环境。这一变革标志着我国体育教学观念的根本性转变,它不再仅仅关注学生的运动技能培养,而是更加关注学生的全面发展,强调"以人为本"的教育理念。

在这一变革中,"健康第一"和"终身体育"成为新时代高校体育教学改革的核心理念。这些理念强调了体育教育在促进学生身心健康和培养学生终身运动习惯方面的重要性。高校体育教学不仅要关注学生的运动技能和体能水平,更要注重培养学生的健康意识、运动兴趣和运动习惯,使学生能够在未来的生活中保持健康的身心状态。

与以往改革相比,新一轮的高校体育教学模式改革更为彻底和深入。它要求高校必须摒弃传统的、单一的教学模式,构建全新的、多元化的教学模式。这一教学模式要能够适应新形势下体育教学观念和指导思想的需求,注重学生的个性化需求和全面发展。

在这一背景下,"运动教育模式"作为一种新兴的教学模式,受到了广泛的关注和认可。它所倡导的"人人参与"和"健康第一"的教学理念及原则,与新时代的体育教学理论高度契合。通过引入竞赛、团队合作、角色扮演等多样化的教学方法和手段,运动教育模式能够为学生提供更加直观、真实和有趣的运动体验,激发学生的运动兴趣和参与度。同时,它还能够通过竞赛后的鼓励和具有人文教育意义的庆祝活动,增强学生的参与感和成就感,培养学生的团队精神和协作能力,让学生在运动中感受体育文化的魅力和价值。

因此,可以说,"运动教育模式"为高校体育教学改革提供了有力的支撑和方向。它不仅能够推动高校体育教学在理念、内容和方法上的创新,还能够促进学生在多个方面的全面发展,为培养具有健康体魄和全面素养的人才奠定坚实基础。

(二)师生对运动教育模式的认可

随着高校体育教学改革的不断深化,"以人为本""健康第一"和"终身体育"的理念在高校体育教学中日益渗透,悄然改变着师生对体育教学新思想的认知,同时也激发了他们对体育教学的积极态度和参与热情。其中,"运动教育模式"在思想观念层面首先获得了高校师生的广泛认可。

在"运动教育模式"的实践中,它注重因材施教,针对不同水平的学生设计相应的教学内容与活动比赛,确保每位学生都能积极参与到体育教学活动中。通过扮演不同的角色,学生不仅体验到了运动的乐趣,还承担了角色所赋予的责任与义务,从而提升了他们的运动技能、身体素质以及心理和社会适应能力。这种教学模式的优越性已经在教学实践中得到了充分验证,并赢得了高校师生的喜爱与推崇。

(三)高校基本具备运动教育模式开展的教学条件

当前,我国高校体育教学的客观条件相较于过去已有了显著改善。许多学校都配备了完备的场地、器材、竞赛设备与工具,这为开展体育教学竞赛提供了强有力的物质基础。因此,运动教育模式在高校体育教学中的实施具备了充分的可操作性。

与此同时,高校校园体育文化的蓬勃发展也营造了浓厚的体育竞赛氛围和文化氛围。师生们对于参与体育运动竞赛的热情空前高涨,这不仅提升了体育教学的活跃度和参与度,也为新时代"运动教育模式"的教学实施奠定了坚实的环境基础。这种良好的基础将有力地推动高校体育教学改革的深入发展。

第三节 运动教育模式构建的理论基础与方法操作

高校在准备运动教育模式的构建时,首先需要从相应的理论开始,具体地,包括基本理论和学科理论两个方面。

一、运动教育模式构建的基本理论基础

(一)游戏理论

在运动教育模式的基础框架中,游戏理论占据着核心地位。游戏不仅是驱动人们投入运动的强大动力,更是源于人们内心渴望的一种自然行为。人们参与游戏,主要是追求那份纯粹的快乐,它超越了物质和外在功利性束缚。每个游戏都拥有其独特的玩法和规则,这些规则和玩法往往由参与者共同协商制定,并在游戏过程中自觉地遵守。

然而,游戏的价值远不止于娱乐。它蕴含着丰富的教育元素,这些元素在无形中塑造着学生的行为模式和价值观。因此,在体育教学中引入运动教育模式时,应当坚守游戏作为核心理念,让体育活动的本质——游戏性,得到充分的体现和发挥。这样,不仅能够激发学生对体育运动的热情,还能够培养他们的团队精神、规则意识和创新思维,使学生在享受游戏乐趣的同时,实现身心的全面发展。

在运动教育模式的核心理论中,游戏理论占据着举足轻重的地位。游戏不仅是激发人们积极参与运动的动力源泉,更是人类行为中由内在动机驱使的一种自然表达。它纯粹地追求快乐,独立于物质和外界功利性因素的干扰。每个游戏都有其独特的规则和玩法,这些规则与玩法往往是由游戏参与者共同制定,并在游戏中自发地遵守和维护。

然而,游戏的魅力远不止于此。它蕴藏着丰富的教育价值,这些价值在无形中影响着学生的行为模式和思维方式。正因为如此,在体育教学中引入运动教育模式时,我们应当将游戏视为基本理念,让体育活动回归其游戏的本质。通过游戏,我们能够更好地激发学生的运动兴趣,培养他们的团队协作能力和创新思维,让学生在轻松愉快的氛围中感受体育的魅力,实现身心的全面发展。

(二)正义理论

正义理论作为构建运动教育模式的重要理论基础,源自美国哈佛大学教授约翰·罗尔斯的《正义论》。该理论的核心在于强调社会平等和尊重每一个个体。其中,差别原则和机会平等原则在社会中产生了深远影响。

差别原则主张,面对现实生活中不可避免的差距,个人和社会应持有正确的态度。它鼓励作为组织和团体的我们在面对差距时,适度向弱势群体倾斜,确保他们能够获得相对更多的社会资源。

机会平等原则则强调,在竞争中,每个人都应该拥有平等的机会,受到公正的对待。这意味着无论个人的背景、条件如何,都应有机会展现自己的才能,追求自己的梦想。

在高校体育教育领域中,学生之间的体育能力起点存在显著的差异。这些差异可能源于他们对体育的认知、运动技能水平、体能素质以及对体育的兴趣等多个方面。这些差异会在学生的体育学习过程中产生不同程度的影响,从而导致教学效果的多样化。

因此,在构建运动教育模式时,我们应充分借鉴正义理论中的差别原则和机会平等原则。通过提供个性化的教学计划和资源支持,帮助那些在体育能力上相对较弱的学生更好地发展;同时,确保每个学生都能获得平等的参与机会和公正的评价,从而真正实现体育教育的公平与正义。

特别是在运用运动教育模式时,要注意保证每个学生都能获得均等的机会,比如在教学活动中通过扮演不同的角色,让每个学生都得到全面的成长。在运动比赛的情境下,则体现为教师应平等分配学生的上场机会,甚至在必要的时候,还要适当地把更多的机会让给水平较弱的学生,目的是让他们经过多次尝试和锻炼,快速提高自身水平,从而提高团队的整体作战能力。

（三）系统论

系统论是一种广泛应用于各个领域的理论框架，它认为任何事物的发展过程都是一个由众多密切联系、有序排列的要素所构成的有机统一整体。这些要素并非孤立存在，而是相互依存、相互作用，共同遵循着一定的规律。对于任何一个系统而言，要实现其整体功能的最大化，关键在于优化系统结构以及各要素之间的关联。

具体到运动教育模式，这一模式正是基于系统论的观点，将体育教学视为一个完整系统，并将其结构细分为五个层次：体育教学指导思想、教学方法体系、教学过程结构、教学程序以及最终的教学目标。这五个层次相互关联、相互支持，共同构成了运动教育模式的完整框架。

从系统论的角度来看，运动教育模式不仅是一个教学模式的创新，更是一种教育理念的转变。它强调教育的整体性、系统性和协调性，同时，它也提醒我们，在教育教学过程中，要关注各个层次之间的关联和互动，不断优化系统结构，以实现最佳的教学效果。因此，系统论为运动教育模式提供了坚实的学科理论基础，指导着教学结构各层次之间的和谐统一与整体优化。

（四）团队学习理论

团队学习理论属于运动教育模式的核心理论之一。这一理论最早是由美国的教育学家率先提出，经过大量的研究，他们发现团队学习模式能够显著提高学习效果，而且这一发现具有相当的普遍性，符合绝大多数学习者的学习规律。因此，西方国家开始逐渐将团队学习理论引入学校的教学活动，并取得了较理想的效果。团队学习理论的核心，就是通过学生团队协作这一方式，能够很好地激发每个学生的学习积极性和投入程度，从而使教学效果和学习效果倍增。

（五）情景学习理论

情景学习理论由让·莱夫教授（Jean Lave）和独立研究者爱丁纳·温格（Etienne Wenger）于1991年提出，这一理论建立在他们对特定社会和职业环境中师徒关系的人类学观察之上。根据该理论,学习不仅是知识的积累,更是一个文化适应和获得共同体成员身份的过程。莱夫和温格将这一过程称为"合法的边缘性参与",这是情景学习理论的核心概念,它强调了学习者在共同体中从边缘逐渐融入中心的过程。

为了进一步阐述情景学习理论,两位学者还引入了"实践共同体"的概念。实践共同体指的是一群拥有共同目标和信念的个体,他们通过协商和实践活动,共同分享和理解知识。

在运动教育模式中,情景学习理论同样扮演着重要角色。运动教育模式以比赛活动为核心,将学生置于真实、丰富的运动情境中,鼓励学生以固定的团队为单位,通过自主学习和合作学习,完成学习任务并实现共同的教学目标。这一模式充分利用了情景学习理论的理念,使学生在实践中学习,通过参与和互动来加深理解和掌握知识。因此,情景学习理论为运动教育模式提供了坚实的理论基础。

二、运动教育模式构建的学科理论基础

(一)哲学

哲学观主张,客观世界的一切事物都处于不断运动、变化和发展的状态之中,这些变化之间存在着普遍的联系,并遵循着运动发展的内在规律。基于这一哲学观点,运动教育模式显著地体现了因材施教的教学原则,它强调根据学生的个体差异和实际需求来定制教学策略。此外,该模式也鼓励各学校结合自身的教学条件和学生的具体特点来灵活运用这一模式。从这个角度来看,哲学观为运动教育模式提供了一个坚实的学科理论基础,即教育应尊重个体的独特性和多样性,通过个性化的教学来促进学生的全面发展。

(二)教育学

当前,教育以人为本的理念已经深入人心,在体育这个强调同时促进学生身心发展的学科中,这一点显得尤为重要。运动教育模式非常注重对学生的个性化发展,致力于挖掘学生的潜能,激发他们的学习积极性。这也符合国家推行的素质教育思想,现代教育是对人才的教育,而不仅是对技能的教练,它尊重人的发展需要,同时也尊重个体的差异性,强调因材施教、因势利导,一切以人为中心,才能使教育更有意义,才有助于建立和谐的师生关系和生生关系,为开放、民主的教学氛围打好基础。

运动教育的另一个重要理论基础来自教育学,教育学强调在体育教学过程中,不应忽视学生的情感需求,相反,应该以此为出发点,充分满足学生的情感表达,让身体的运动和情感的流动相连接,这样的体育教学才是有生命力的,才是从育人的角度出发的。而单纯地以发展学生的身体素质为目的的观念显然是落后的,也是低效的。人是情感的动物,人类的一切生活和生产活动都会伴随着情感的发生,同时也需要情感的交流。在学校的体育教学中,应充分重视这一点,即激发出学生强烈的求知欲,点燃他们对体育运动的热情,然后接下来的教学将会更具自主性,也是对学生潜能的全面发展,是真正的符合人本主义的以人为本的教学理念。

(三)心理学

在运动教育模式的学科框架中,心理学占据着举足轻重的地位。心理学研究显示,个体对感兴趣的事物会自然产生强烈的求知欲,并在此驱动下积极投入实践与探索。运动教育模式深刻理解和运用了心理学的这一原理,通过融入游戏与比赛的形式,使教学过程更加生动有趣,充分强调了学生的主体地位。

心理学和体育教学有着多重的内在联系。在运动教育模式下,体育教学活动内容丰富,形式多样,这不仅给学生带来身体的发展,而且同时对他们的心理产生不同程度的影响和冲击。比如,在异常激烈的比赛中,运动员不仅要克服身体的疲惫,合理分配体能,还要随时关注队友和对手在场上的表现,同时,以上所有这些身体的和精神的活动,都需要强大心理机制的支撑。再如,在遇到强劲对手的时候,要稳定情绪,把注意力集中在动作发挥方面,而不是自我怀疑和对比赛结果的过度关注。只有训练有素的运动员才能做到这些,才能在激烈的比赛中,发挥出自己的最佳水平,战胜恐惧、怀疑以及有效克服对手扑面而来的压迫感。

因此,心理学是运动教学模式的重要理论基础,并在该模式的各个环节进行指导,使其更加符合学生的心理需求和发展规律。

三、运动教育模式的构建方法

(一)重构教学目标

1. 优化运动知识与技能目标

在优化运动知识与技能目标时需要从以下几点做起。
(1)运动理论学习
体育教学中往往会忽视对理论的学习,教师在教学中,往往仅蜻蜓点水式地提及一些理论,由于没有深入地结合实践进行讲解,也没有带领学生反复推敲,导致的结果就是学生的理论学习常常是囫囵吞枣式的,似乎学过,但又似乎没有学过。这样一种似是而非的学习效果,长期来看,会明显降低学生的体育能力。因此,在优化和重构体育教学目标时,首先要重视理论学习的作用。

学习理论是打好基础的环节,不是可有可无的步骤,只有在扎实的理论知识指引下,学生才能够深刻地理解运动的内在逻辑和发展进程,才能科学学习运动技巧。否则,仅仅靠模仿教师的示范动作,很难得到好的学习效果。

(2)强化体育文化认知
体育文化对学生的影响甚至要超过体育知识本身,这是因为,具体的体育知识往往是枯燥的、乏味的,很难让学生静下心来学习,而且,在没有一定运动基础的情况下学习体育知识仅仅是一种智力活动,并不能对学生产生什么实质性的影响。但是体育文化却不同,体育文化是和生活事件故事以及体育人物有着密切关系的,而这些能够很容易地和学生现有的知识体系建立联系,并快速引起他们的好奇心和兴趣,这是学习体育的良好开端,能够为今后的深入学习做好心理上的准备。

(3)培养团队合作能力
通过团队合作和同伴学习的方式,引导学生共同制订学习计划和练习内容。在这一过程中,学生的策划组织能力、沟通能力及团队合作意识将得到全面提升。这将为他们未来的学习和生活打下坚实的基础。

2. 重塑身体与心理素质目标

构建运动教育模式时,有必要重塑目标。重新审视原有的教学目标有哪些已经不切合实际,远离学生的实际生活,针对此,应选择更贴近学生实际生活的目标为核心而构建。

以往,高校的体育教学目标单纯地以发展学生的基础身体素质为目标,但是身体素质其实和心理发展以及情绪体验息息相关,孤立地发展某项身体素质显然不能符合以人为本的教学理念,因为没有从学生的自我发展需要出发,而是功利地从提升身体机能的角度出发。对此,应该重塑身体与心理的统合性,以学生的身心同时发展为核心,构建起灵动的、符合人性的教学机制和程序。

在心理素质的重塑方面,应加强学生的自我管理能力,发展他们的自信心和自驱力,因为这些是促进他们长期心理健康的最重要基础。相对于原来培养学生的爱国主义精神这些更为远大的精神追求,应该结合具体的教学内容进行。另外,对于当前很多大学生表现出的"空心病"问题,应注意加强培养学生的自我感,接纳自身的不足,尊重内心的真实感受,不要为了追求学业而压抑自我,长期来看,这样只会导致学生的厌学情绪,甚至仅仅是培养出一批一批的"工具人"罢了。

3. 重构社会适应目标

由于当前社会互联网的高度发达,学生对社会的了解已经远远超过以往任何时代,但这并不代表要忽视对学生社会适应目标的重构。由于竞争激烈,以及社会发展的不同阶段所体现出的不同特点,当代大学生有一种趋向于"躺平"的消极人生态度,对此,在体育教学中应该适当地进行教导,帮助学生建立起积极进取的人生观,无论社会竞争如何激烈,每一代人都应该有其奋斗和追求的目标,都有实现个人价值的需要。因此,教师应因势利导,帮助学生放弃所谓的"躺平"思想,点燃年轻人的生命力和创造力,主动去适应社会发展的节奏,创造和享受全力以赴的人生。

(二)重新构建教学条件

学校体育教学活动的顺利进行,离不开适宜的体育教学条件支撑。针对运动教育模式,我们应从以下几个方面对教学条件进行重新构建。

1. 强调教师在运动教育模式中的核心引导作用

在传统体育教学观念中,教师常被视作教学的主导者,负责传授知识,而学生则是被动接受。但在现代的运动教育模式中,这一观念得到了根本转变。教师不再仅仅是知识的传递者,而是被赋予了更为重要和多元的角色——他们成为教学过程的引导者,以及教学内容的策划与设计者。

这样的角色转变对教师提出了更高的要求。他们不仅需要具备深厚的运动教育模式理论知识,还要精通各类专项运动技能,同时掌握相关的裁判和运动文化知识。这样的教师不仅能够在教学过程中准确地传达运动教育的核心理念,还能全面、细致地指导学生进行实践。他们通过精心策划和设计教学内容,确保学生能够深入理解并有效执行各自的角色任务。

在不同的教学阶段,教师的角色会有所不同。在练习阶段,教师像是贴心的指导者,耐心地引导学生学习,启发他们思考,帮助他们掌握基本的运动技能。而在竞赛与决赛阶段,教师则化身为严格的教练,指导学生进行自主学习,鼓励他们在实战中灵活运用所学的运动技战术,以取得最佳成绩。

因此,在重新构建体育教学的运动教育模式时,我们必须充分认识到教师的主导作用,并为其提供必要的培训和支持。这包括加强教师的理论学习和技能培训,提升他们的专业素养和教学能力,以确保他们能够在教学中充分发挥引导作用,为学生的全面发展提供有力保障。

2. 确立学生在运动教育模式中的主体地位

运动教育模式的核心在于以学生为中心,以教师为主导的教学理念。这种教学模式强调学生的自主学习和探究能力,鼓励学生通过主动、独立的探索和实践来获取知识、提升技能。

在教学过程中,学生不再是被动地接受知识,而是成为主动的学习者和决策者。他们通过主动参与各种活动,与团队成员紧密交流、协作,共同制定学习计划和练习方案。这样的学习方式不仅提高了学生的学习热情,还激发了他们的内在主观能动性,使他们更加主动地投入学习中。

同时,学生在运动教育模式中还将面临不同的角色挑战。他们将在不同的角色间灵活转换,既是学习者也是领导者、决策者。这种角色的转换不仅锻炼了学生的组织协调能力,还培养了他们的团队精神和集体主义精神。在与团队成员的紧密合作中,学生学会了如何有效沟通、协作,共同解决问题,提升了团队协作能力。

这样的教学模式不仅增强了学生间的情感联系,还促进了学生的全面发展。学生在实践中学会了如何面对挑战、克服困难,培养了坚韧不拔的意志品质和积极向上的生活态度。同时,他们也在团队合作中感受到了集体的力量和温暖,培养了团队意识和集体主义精神。最终,学生共同达成了教学目标,实现了个人与集体的共同成长。

3. 确保运动教育模式的教学课时

运动教育模式强调大单元、多课时的特点,其教学周期原则上应不少于20课时。为了让学生在这种教学模式下真正有所收获,学校必须确保足够的教学课时得到落实。通过充足的课时安排,学生可以更深入地学习和掌握运动知识和技能,积累丰富的比赛经验,为未来的体育学习和生活打下坚实的基础。

(三)重构教学程序以适应运动教育模式

运动教育模式以其独特的视角,将整个教学单元巧妙地比喻为一个充满活力和竞争的运动季。这种教学模式打破了传统体育教学单元的常规框架,其教学程序以模拟真实的运动季为周期进行系统设计。根据西登托普的运动教育理论,一个完整的运动季涵盖了练习期、季前赛期、正式比赛期和季后赛期这四个阶段,每个阶段都有其独特的教学内容和预期达成的目标。可以将运动季的教学程序重新划分为以下三个阶段。

1. 准备与练习阶段

准备与练习阶段是进行目标评估、分组准备和安排训练计划的阶段，它是为接下来的教学和训练做好基本准备工作的核心，决定着实施效果和最终成绩，因此，不能忽视准备与练习阶段的重要性。

2. 竞赛与提升阶段

竞赛与提升阶段是指导学生全力以赴进行学习和训练的关键时期，是提升学生运动作战能力的主要过程，也是奠定学生体育运动知识和能力的最重要手段。通过竞赛与提升阶段的训练，学生的整体运动水平会得到显著提高。同时，学生因为集中学习和训练，一般也会对体育运动培养出更深入的兴趣，从而为他们日后养成终身体育的习惯做好准备。

3. 决赛与总结阶段

决赛与总结阶段是运动季的收尾部分，主要任务是进行总决赛和总结经验。具体包括以下三个方面。
（1）教师组织进行总决赛，以总结整个运动季的教学成果。
（2）学生进行自我总结与反思，并分享比赛经验，为进一步提高做好经验积累。
（3）决赛期间营造欢庆、轻松、和谐的节日氛围，让全体成员共同参与和感受运动文化，还可邀请相关领导颁奖，并合影留念。
通过这样的教学程序重构，可以更加系统地实施运动教育模式，提升教学质量和效果。

（四）优化教学评价机制

运动教育模式在对学生进行评价时，着重于综合性考量，包括学生的学习行为、学习态度、专项技能掌握程度、运动战术的实际应用以及团队间的协作精神等方面。尽管这与我国现行的学生评价思想在某些方面存在差异,但二者在核心理念上有很多共通之处。因此,在构建我国体育教学运动教育模式的评价体系时,我们应关注以下四个方面的内容。

第一,诊断性评价:教师应从参与积极性、运动水平和学习态度等角度,对学生进行初步的诊断性评价,以便为后续的教学提供有针对性的指导。

第二,形成性评价:在学习过程中,教师应关注学生专项技能的提升、运动技战术的掌握,以及自主性学习能力的发展,进行及时的形成性评价,以促进学生的持续进步。

第三,终结性评价:以团队的合作意识和集体荣誉感为重要评价指标,对整个运动教育模式进行终结性评价,全面总结学生的学习成果和团队表现。

第四,个性化评价:鉴于不同学生、不同学习阶段的特点和需要,教师应采用个性化的评价方式,确保评价的针对性和有效性,促进每个学生的全面发展。

通过这样的优化,我们可以建立一个更加科学、全面、个性化的教学评价机制,以更好地适应运动教育模式的教学需求,提升体育教学的质量和效果。

第四节 运动教育模式在高校体育项目教学中的具体应用

一、运动教育模式在高校球类教学中的应用

(一)运动教育模式在高校篮球教学中的应用

篮球,作为世界三大传统球类运动之一,随着社会的进步和全民健身战略的深入实施,已经吸引了越来越多的爱好者。与此同时,NBA和

CBA等顶级篮球赛事的流行,更是激发了大学生群体对篮球运动的浓厚兴趣,参与篮球运动的大学生人数持续增长。因此,在高校体育教学中,将教育性、欣赏性和健身性融为一体的篮球教学显得尤为重要。

高校篮球教学在提高大学生综合素质方面扮演着重要角色,然而,传统的高校篮球教学过于侧重技术传授,往往采用"教师讲解示范、学生模仿练习、教师指导纠正"的单一教学模式。这种教学方式显得较为枯燥,容易使大学生产生厌倦情绪,进而影响到他们参与篮球教学的主动性和积极性。

因此,有必要对传统的高校篮球教学模式进行改革,引入更具创新性和实效性的教学模式。而运动教育模式,以其独特的方式,在培养大学生良好的体育运动技能、丰富的运动情感体验和坚定的终身体育理念方面展现出显著优势。因此,在高校篮球教学中有效运用运动教育模式,将有助于提高教学质量,激发学生的学习热情,进一步推动高校篮球运动的发展。

1. 高校篮球教学中应用运动教育模式的优势

在高校篮球教学中引入"运动教育模式"具有诸多显著优势,这些优势主要体现在以下几个方面。

(1)促进篮球技能水平的提升

运动教育模式强调以小组为单位,以比赛为驱动。为了团队的荣誉和成功,学生会更加积极地投入篮球技能的学习和训练。这种团队合作和竞争的环境,能够有效提升大学生的篮球技能水平。

(2)强化团队合作意识

在运动教育模式下,大学生通过小组协作,为了共同的目标而努力,促进了他们之间的沟通与协作。这种教学模式有助于培养大学生的团队合作意识,增强他们的集体荣誉感。

(3)提高身心素质

运动教育模式以比赛为主要组织形式,要求大学生在不可预测的比赛环境中迅速作出决策、应对挑战。这不仅锻炼了大学生的篮球技能,还提升了他们的身体素质、心理素质和应变能力。

(4)深化对篮球运动文化的理解

相较于传统的高校篮球教学,运动教育模式更注重篮球运动文化的传授。通过准备比赛、场地布置、开幕式、闭幕式等活动,大学生能够更深入地了解篮球运动的历史、文化和精神,从而更加热爱这项运动。

(5)提升高校篮球教学质量

通过引入运动教育模式,高校篮球教学能够为学生提供真实的竞技体验,激发他们的学习热情和参与积极性。同时,这种教学模式也鼓励学生发挥主体作用,主动学习和探索,有助于提高高校篮球教学的质量和效果。总之,运动教育模式在高校篮球教学中的应用,对提升教学质量具有重要意义。

2. 高校篮球教学中运动教育模式的实施流程

在高校篮球教学中实施运动教育模式需要遵循一个结构化的流程。该模式涉及运动季、团队联盟小组、正规比赛、最终比赛及成绩记录和庆祝活动等核心要素,其中运动季是整个流程的基础。一个运动季对应一个教学周期,并应至少包含足够的学习时间。一个完整的运动季可以划分为以下四个阶段:练习期、季前赛期、正式比赛期和季后赛期。通过这四个阶段的实施,大学生能够更深入地了解篮球运动项目,并提升相关的篮球技能水平。

(1)练习期

练习期是运动教育模式在高校篮球教学中的初始阶段。在此阶段,教师需完成以下任务:首先,详细解释运动教育模式的概念、目标和重要性;其次,建立并强调运动教育的课堂常规,确保教学活动的有序进行;最后,根据大学生的篮球技能和兴趣进行合理分组,为后续比赛和协作打下基础。

(2)季前赛期

季前赛期是练习期之后的关键阶段。在此阶段,教师应注重以下方面的教学:首先,传授篮球技战术的基础知识,包括投篮、传球、运球、防守等;其次,介绍篮球比赛的规则和裁判方法;最后,在已建立的课堂常规基础上,组织简单的篮球比赛,如1V1或2V2对抗赛,让大学生初步体验篮球比赛的氛围。

(3)正式比赛期

正式比赛期是运动教育模式的核心阶段。在此阶段,教师应以练习期划分的小组为单位组织正式的篮球比赛。比赛应尽可能模拟正规篮球比赛的环境和流程，以便大学生能够获得真实的竞技体验。同时，教师还需关注比赛过程中的团队协作、技战术运用和裁判公正等方面的问题。

（4）季后赛期

季后赛期是运动教育模式的最后阶段。在此阶段，教师需组织一系列篮球比赛以决出本运动季的冠亚军，并安排庆祝活动。比赛过程中，教师应营造良好的比赛氛围，确保比赛的公平性和公正性。赛后庆祝活动不仅能够增强大学生的团队凝聚力和荣誉感，还能进一步激发他们参与篮球运动的热情。

3. 在高校篮球教学中应用运动教育模式的注意事项

在高校篮球教学中应用运动教育模式，为确保取得良好效果，必须注意以下五个方面的关键事项。

第一，合理设计篮球运动季。运动教育模式需打破传统篮球教学单元，依据教学大纲将篮球教学划分为若干个"运动季"。同时，需根据教学需求合理确定每个运动季的长度，确保教学的系统性和连贯性。

第二，精心选择并灵活运用教学方法。运动教育模式应采用教师直接指导、小组合作学习以及学生伙伴教授等多种教学方法相结合。教师直接指导侧重于传授篮球技术，小组合作学习鼓励学生之间互补学习，而学生伙伴教授则注重团队协作和比赛经验积累。教师应根据具体运动季的设计，灵活选择和运用教学方法。

第三，科学进行学生分组。学生分组对于篮球教学目标的实现至关重要。在分组时，应坚持公平竞争原则，确保每个小组内部成员优势互补，从而在互帮互助中实现共同进步。

第四，合理设计与组织篮球运动季的教学内容。篮球运动季不同阶段的教学内容应相互关联、保持一致，确保教学任务的顺利完成。同时，需根据运动季的特点和学生的学习需求，精心设计教学内容和形式。

第五，重新定位高校体育教师与学生的角色与责任。在运动教育模式中，教师应成为引导者、指导者和监督者，而学生则应成为学习的主体、参与者和竞争者。明确各自的角色与责任，有助于确保一个篮球运动季的顺利进行。

（二）运动教育模式在高校足球教学中的应用

足球，作为"世界第一运动"，其深厚的群众基础和广泛的热爱者群体，在高校体育教育中占据重要位置。然而，传统的高校足球教学面临诸多挑战，如教学理念滞后、内容形式单调、训练方法陈旧等，这些问题不仅限制了学生足球技能的提升，也制约了足球文化的传播和足球运动的整体发展。

1. 在高校足球教学中应用运动教育模式的优势

（1）深化足球文化与规则的理解

运动教育模式能够帮助大学生更深入地了解足球运动和比赛规则，感受足球文化的魅力。通过系统化的学习与实践，学生将更全面地掌握足球运动的精髓，增强对足球文化的认同感。

（2）提升学习兴趣与参与度

运动教育模式强调学生的主体地位，通过组织丰富多样的足球活动，如小型比赛、团队训练等，有效激发大学生的参与兴趣。在这种模式下，学生将更积极地投入足球学习中，提升足球技能，同时也为高校足球教学注入新的活力。

（3）推动课程改革与素质教育

将运动教育模式引入高校足球教学，不仅有助于提升教学质量，还能推动高校体育课程的改革。这种教学模式注重学生的全面发展，符合素质教育的理念，有助于培养具备综合素质的优秀人才，为实现我国教育事业的长远发展贡献力量。

2. 在高校足球教学中应用运动教育模式的基本原则

在高校足球教学中，为了有效运用运动教育模式并取得良好效果，必须遵循以下四个基本原则。

（1）全面发展原则

全面发展原则是指教师在组织学生进行足球技战术的学习过程中，不要仅仅局限于对足球技能的提升，而忽视了对学生其他能力的培养。

尽管足球运动本身是一项能够全面发展运动员运动技能的运动项目，但是，体育教学的目标显然不只有运动技能这一个层面，还要加强对学生的心理、情感、意志品质、人生观、价值观，以及团队协作能力、社会交往能力等的培养。通过足球教学帮助他们建立积极、健康的体育观和人生态度。

（2）平等性原则

平等性原则在高校足球教学中具体体现为，应尊重每一个学生发展足球运动技能的权利，不应因为性别、身高以及技能水平的不足等因素而排斥一些学生。足球运动是当今社会最具影响力的运动项目，优秀的足球运动员在社会上具有超越民族和国界的影响力。因此，在培养学生足球技能的同时，也应该特别强调足球精神，即在运动领域，人人平等，每个个体之间只有竞技能力的不同，而没有其他的高低优劣区分。

平等原则在思政教育方面也占据重要的位置，它要求教师在教学的每个环节都能做到平等对待每一个学生，尊重每个学生的个性和需求。此外，平等性原则还有助于增强学生的团队意识、民主意识和沟通协调能力，为他们在未来的社会生活中奠定良好的基础。

（3）客观性原则

在足球教学中应用运动教育模式时，我们必须坚持客观性原则。这要求我们在记录和评估学生的学习和表现时保持真实、可靠和公正。特别是关于"公平竞赛"的记录，我们要确保每个学生都能得到公正的评价和反馈。通过这种方式，学生可以学会尊重对手、遵守规则以及如何面对输赢。同时，客观性原则还有助于我们将足球课程的教学目标落实到每一个具体的教学环节中，确保教学质量和效果。

（4）控制性原则

控制性原则是确保运动教育模式在高校足球教学中有序进行的关键。它要求我们在课程进度和教学内容方面严格遵循赛季安排。在足球教学中，我们应以竞赛为主线，按照赛季的课时数来推进教学进度。这有助于打破传统的单元教学模式，使学生在实践中不断积累足球知识和经验，提高自己的技能水平。同时，控制性原则还要求我们合理安排教学时间和资源，确保每个学生都能得到充分的锻炼和机会。

二、运动教育模式在高校田径教学中的应用

（一）高校田径教学中引入运动教育模式的合理性

在高校田径教学中引入运动教育模式，其合理性体现在以下四个方面。

1. 提升课堂趣味性与参与度

通过结合训练和比赛的教学形式，运动教育模式能够有效增强课堂的趣味性和灵活性，从而吸引大学生积极参与田径教学。这不仅能够提升学生的田径运动技能水平，还能推动高校田径教学取得更好的成效。

2. 培养综合能力

运动教育模式要求学生全面参与，扮演多重角色，如运动员、裁判员、记分员等。这种参与模式为学生提供了丰富的锻炼机会，加强了情感合作与交流，对大学生的综合能力发展十分有利。

3. 促进互助与规范

运动教育模式强调在运动过程中学生间的互助与协作，这有助于学生在互相帮助中规范自己的动作，提高运动技能。

4. 因材施教与合理评价

引入运动教育模式有助于实现因材施教，确保每个学生都能得到合理的评价。无论学生基础如何，都能积极参与田径运动，并从中获得实际的收获。

（二）高校田径教学中应用运动教育模式的注意事项

在高校田径教学中应用运动教育模式时，为确保取得良好成效，需注意以下三个方面。

1. 重视竞技性但避免过度竞争

要认识到高校田径教学与运动教育模式的结合点在于竞技性，但同时要避免过度竞争和盲目比赛，确保教学过程的健康与和谐。

2. 降低技术难度与要求

在可能的情况下，应适当降低田径运动的技术难度和要求，以使学生更容易参与和体验。运动教育模式的主要目的在于提高学生技能水平、培养体育文化素养，而非追求竞技成绩。

3. 结合传统优势，实现教学目的

在应用运动教育模式时，应继承并发挥传统高校田径教学的优势，以更好地实现教学目的，提高学生的体质和体育素养。

第五章　高校体育俱乐部教学模式及其应用

体育俱乐部教学模式是对传统教学模式的重要补充,在我国普及较广,对高校的体育教学和学生体育成长发挥着不可替代的作用。本章将对高校体育俱乐部教学模式的概念、特征、优势等理论进行阐述,并结合实际,给出具体的构建方法。

第一节　高校体育俱乐部教学理论

一、俱乐部与体育教学俱乐部的概念解析

俱乐部源于欧美,泛指社会团体和娱乐场所。在中国,特指文化娱乐和体育活动场所。据 J.M. 布坎南和《英汉辞海》,俱乐部特点包括:明确地理区域、相关人群、相对独立性、共同利益和满足需求。上海《辞海》定义其为机关、团体、学校的娱乐场所。

在体育领域中,俱乐部分业余、职业和商业三类。业余体育俱乐部以非营利性、业余性、自愿性和自治性为主,是群众性的体育组织。学校体育俱乐部作为业余性质,结合课堂教学与课外活动,提供个性化体育教育,允许学生自由选择项目、教师和上课时间。

"体育教学俱乐部"这一概念,特指在大学校园内,围绕某一运动项目,结合体育教学、课外体育活动、群体竞赛和运动训练,形成的一种综合体育教学形式。它依托于学校体育场馆,旨在通过素质教育和健康教育,满足学生生理、心理、社会和自我完善等多方面的需求。

二、体育教学俱乐部的发展依据与实践

自 20 世纪 90 年代中期以来,中国一些大都市的高等教育机构开始探索体育俱乐部形式的教学改革。历经多年的发展与完善,这一教学模式已经取得了明显的成效,为大学体育教学带来了创新的活力,并极大地促进了其发展。例如,深圳大学、大连理工大学、上海中医药大学、浙江大学等高校在 1994 年就率先实施了体育教学俱乐部模式,随后华侨大学等其他高校也陆续采纳了这一模式。

进入 21 世纪,高等教育体育教学更加重视培养学生的体育创新能力和实施素质教育及终身教育的理念。在"终身体育""求知创新"和"健康第一"的教育理念指导下,高校体育课程正逐步实现全面改革,向课内外一体化的教学模式演进。体育教学俱乐部的实施不仅与社会发展的趋势相契合,也成为学校体育改革的重要策略。

这种创新的教学模式,既吸纳了国际上的先进经验,又紧密结合了中国的实际情况,赢得了广大学生的欢迎和高度认可。它不仅是高校体育教学自身发展的必然结果,也是实施素质教育、推动"健康第一"教育理念和终身体育教育的有效手段。通过体育教学俱乐部,学生的体育意识得到加强,体育教学与课外锻炼的连续性得以保持,使得大学生的体育教育覆盖整个高等教育阶段,显著提升了大学生的运动技能水平。

第二节 高校体育俱乐部教学模式的特征与优势

一、高校体育俱乐部教学模式的特征

(一)明确的培养目标和指导思想

高校体育教学俱乐部秉持终身教育的核心理念,将培养学生自我锻炼、自我诊断和自我评价的能力作为核心任务。这一教学模式不仅紧密结合了高校体育教学的实用性、多样性、社会性和娱乐性等特点,更以终身体育为指引,致力于强化学生的体育锻炼意识,帮助他们掌握科学的锻炼技能和方法,形成稳定的锻炼习惯。这些举措对于提高学生的身心健康水平和社会适应能力具有重要意义。

高校体育教学俱乐部秉承"课内增知,课外强身"的指导思想,充分体现了"以人为本"的教育理念。在教学过程中,俱乐部始终关注学生的个性化需求,以学生的全面发展为目标,围绕运动参与、运动技能、身心健康、心理健康和社会适应等多元目标,设计了一系列丰富多彩的体育活动。

这些活动不仅让学生在参与中体验到了运动的乐趣,更在锻炼中提升了他们的综合素质。通过参与俱乐部活动,学生们能够学习到如何制订个性化的锻炼计划,如何评估自己的运动效果,以及如何调整运动策略以达到最佳效果。这些能力对于他们的未来生活和工作都具有重要的实用价值。同时,高校体育教学俱乐部还注重培养学生的团队协作能力和社会适应能力。通过组织各种团队活动和比赛,学生们能够在实践中学习到如何与他人合作、如何解决问题以及如何应对挑战。这些经验将为他们未来的职业发展和社会生活奠定坚实的基础。

(二)新颖的教学组织形式

体育教学俱乐部模式突破了传统的年级和专业界限,根据学生个体的需求和技能水平进行分层教学。在这种模式下,教师依据各自的专业特长,将教学内容分为A、B、C三个不同级别,从而实现了精准教学。这种分层教学方法不仅充分发挥了教师的专业优势,而且为学生提供了与其技能水平相匹配的学习体验,真正实现了因材施教。这种组织形式极大地提升了学生的学习效果和兴趣,是适应学生个体差异、满足其个性化学习需求的最优教学方案。

(三)会员制度

会员制规定学生需支付一定会费后方可成为俱乐部成员,享受专属会员权益,此举不仅确保了俱乐部日常运营的稳定性,还在潜移默化中影响了大学生的体育消费观念。通过会员制度,学生逐渐认识到体育健身和娱乐活动的价值,培养了"投资健康,享受娱乐"的消费习惯。同时,这种制度也有助于提升教学和管理的效率,进一步保障了体育教学的高质量实施。

(四)体育教师的专业特长得到了充分发挥

在传统的体育课教学模式中,体育教师常常需要兼顾多个不同项目的教学大纲内容,这使得他们在教学中感到力不从心。由于需要分散精力去教授多个项目,教师往往难以深入钻研某一项目,导致教学质量受到一定影响。同时,这种教学模式也削弱了教师在教学中的主导地位,使得他们的专业性和权威性难以得到充分体现。

随着教育改革的不断深入,俱乐部教学模式逐渐在高校体育教学中得到推广和应用。在这种模式下,教师能够依托自身的专项特长,深入钻研某一项目,并在学生中树立专业形象。由于专注于某一领域,教师能够为学生提供更加专业、系统的指导和训练,从而在教学过程中发挥更加主导的作用。这种变化不仅提升了教学质量,也增强了学生的学习兴趣和动力。

有调查显示,课外单项体育俱乐部或体育协会的指导教师,如曾获得全国赛事冠军的佼佼者,在学生中享有极高的声誉。他们凭借卓越的专业技能和丰富的教学经验,赢得了学生的尊重和信任。这些教师的人格魅力成为吸引学生积极参与俱乐部活动的强大动力,使得越来越多的学生选择加入他们的团队进行学习和锻炼。

在俱乐部教学模式下,教师之间也形成了一种良性的竞争环境。由于学生的选择完全基于兴趣和需求,教师的表现与受欢迎程度成为考核的重要标准。这种机制促使教师不仅要成为某一项目的专家,还需不断提升自身的综合素质,以满足学生多样化的学习需求。在竞争的压力下,教师们会更加努力地钻研教学技巧和方法,提高自己的教学水平和能力。

(五)学生参与教学与组织管理

高校的体育教学俱乐部会非常重视以学生为中心,以学生为主导来组织和管理俱乐部。首先,俱乐部是根据学生的体育需求为核心依据建立起来的,即学生对哪些运动项目感兴趣,学校就会优先成立相应的俱乐部,并招募和培养该项目的体育教师进行技术支持。而在俱乐部的管理方面,则重点发展学生中的优秀人才,让学生自己管理自己的俱乐部,这不仅能够减轻学校的组织管理压力,还能培养学生的组织能力,促进他们的全面成长。

(六)课内外一体化,拓展体育时空

体育教学俱乐部模式是一种综合性教育方式,涵盖体育知识传授、兴趣激发、意识培养与技能提升,是达成体育教学目标的有效手段。学生能在课堂上系统学习,在课外有机会将知识应用于实践。在教师、高年级学生或体育骨干的引导下,通过参与俱乐部组织的多样训练和竞赛,深入体验运动魅力,提升技能,养成锻炼习惯。此模式融合课堂内外教学,扩大体育活动范围,营造"热爱、参与、享受"的体育文化氛围,提升体育素养,丰富校园文化。

二、高校体育俱乐部教学模式的优势

(一)弥补传统体育教学的不足

高校建立俱乐部教学模式的初衷,是为了丰富学生的学习体验,补充传统课堂教学的不足,从而进一步满足学生的体育学习需求。因此,高校体育俱乐部模式是传统教学的有效补充,并利用学生的业余时间,帮助他们发展自己的体育兴趣和专长,不仅能丰富他们的生活内容,还有助于促进学生适应社会,锻炼其人际交往能力,帮助他们从校园向社会过渡。

另外,高校体育俱乐部具有高度的灵活性和自主性,这能很好地锻炼学生的独立思考和独立面对问题、解决问题的能力,反过来又能促进学生在传统体育课堂上的学习能力,从而有效提升高校体育课的教学质量和教学效果。

（二）激发学生的体育锻炼兴趣

体育俱乐部教学模式以其独特的优势，显著提高了学生参与体育活动的主动性。该模式为学生提供了丰富多样的体育课程项目，让他们能够根据自己的喜好和需求进行选择。这种个性化、自主化的教学方式不仅满足了学生的兴趣和需求，还极大地激发了他们的体育兴趣。最终，体育俱乐部教学模式在校园内营造了浓厚的体育锻炼氛围，形成了良好的体育锻炼风气。

（三）培养和提高学生的社会适应能力

体育俱乐部教学模式在致力于提升学生体育锻炼水平的同时，实际上也为学生提供了一个多元化的学习平台。在俱乐部中，学生不仅能够强健体魄，还能学到在传统课堂中难以获得的社交技巧。这种教学模式打破了年级和专业的界限，使来自不同年级和专业的学生得以相聚一堂。在与背景各异的学生相互交往的过程中，他们需要学会倾听、理解和尊重他人，从而不断提升自己的社交能力和社会适应能力。

（四）激发学生持续的体育兴趣

在体育俱乐部教学模式下，学生享有高度的自主选择权，能够依据自己的兴趣和专长选择学习项目。因此，体育俱乐部的课堂上汇聚了来自不同班级、年级，但拥有共同爱好的学生，这种浓厚的学习氛围为学生提供了强大的学习动力，有效激发了他们的学习兴趣。

学校提供的体育项目选择，均基于各位体育教师在各自领域的专长和优势。当体育教师教授自己擅长的体育项目时，他们能够充分发挥自身的专业优势，更好地掌控课堂节奏，设计更具针对性和吸引力的教学内容，从而更有效地传授技术技能。

（五）有利于课余体育活动的开展

高校体育俱乐部还肩负着连接学生校内体育学习和校外体育活动

的重要使命。学生在校园内接受系统的体育训练,促进他们逐渐养成一定的体育兴趣,也具备一定的运动技能。但是,大多数学生还难以跨越校园,主动参与社会上的体育活动,而体育俱乐部从中起到一定的推动作用。它们让学生逐渐适应离开教师而尝试自主进行体育活动,并从中培养自信,积累经验,经过一定时间的适应和锻炼,多数学生都能顺利地在校外开展各项感兴趣的体育活动,从而扩大了他们的生活圈,增长了见识,也锻炼了能力,对促进学生的全面成长产生积极作用。

第三节 高校体育俱乐部教学模式的合理构建

一、高校体育俱乐部教学模式构建中的常见问题

(一)选课平台滞后于教学需求

许多学校在更新体育俱乐部教学模式时,忽视了选课平台的同步更新。这导致学生在选择课程时,面临平台功能不足、课程项目与实际需求不匹配的问题。由于选课平台缺乏灵活性,一些热门课程的名额有限,故学生往往无法选到心仪的课程,只能被迫选择其他不感兴趣的项目。这不仅降低了学生的学习兴趣,也影响了体育俱乐部教学模式的课程效率。因此,学校需要重视选课平台的更新和优化,确保其能够更好地满足学生的选课需求,提高课程质量和效率。

(二)师资力量短缺成为制约

体育俱乐部教学模式的顺利实施对高校师资力量提出了严峻的挑战。要确保这一教学模式的顺利开展,必须有足够的师资力量作为支撑。目前,虽然高校在球类运动、交谊舞、瑜伽、体育舞蹈、健美操等常见课程方面已经拥有一定的师资力量,但面对一些新兴和热门的课程,如拳击、跆拳道、女子防身术,以及较为冷门的时尚运动项目如攀岩、冰球、保龄球等,师资力量的不足就显得尤为突出。这些课程普遍缺乏专业师资,成为制约高校体育俱乐部教学模式进一步发展的瓶颈。因此,加强师资队伍建设,提升教师的专业水平和教学能力,是推动高校体育俱乐部教学模式发展的关键所在。

(三)俱乐部教学考核体系不完善

当前,由于体育俱乐部教学模式在我国尚处于探索和发展阶段,许多高校尚未建立起一套健全、科学的教学考评体系。在评价学生最终成绩时,缺乏公平公正的参考标准,教师往往基于学生的单一表现进行评分,未能充分关注学生的全面成长。这种随意的评分方式不仅不利于学生的全面发展,也背离了体育俱乐部教学模式的初衷——促进学生全方位发展。

缺乏标准的考核体系,不仅影响学生的学习动力和学习效果,也阻碍了体育俱乐部教学模式的健康发展。因此,完善俱乐部教学考核体系,建立公平、公正、全面的评价标准,成为推动体育俱乐部教学模式进一步发展的关键所在。这将有助于更好地评估学生的学习成果,激发学生的学习潜力,促进学生的全面发展。

(四)俱乐部资源不足

资源短缺是体育俱乐部教学面临的一大挑战,主要体现在场地和器材的不足上。由于体育俱乐部教学模式强调尊重学生兴趣和需求,开设各类体育教学项目,因此可能会出现某一热门课程报名人数过多而场地有限的情况。特别是篮球、足球等需要较大场地的运动项目,在高校有限的场地资源条件下,难以满足所有学生的需求。

此外,体育俱乐部教学的经费限制也导致器材购买和更新的困难。一些热门项目所需器材的消耗量大,而冷门项目的器材则可能因经费问题而难以购买,这都对体育俱乐部教学的正常开展带来不利影响。为了解决这个问题,高校需要积极寻求外部资金支持,合理规划和利用场地资源,同时加强与体育器材供应商的合作,确保体育俱乐部教学的顺利进行。

二、高校体育俱乐部教学模式的构建方法

（一）确立学生的主体地位

在实践中,高校必须充分重视学生的个体差异,开设更多样化、个性化的体育项目,以满足不同学生的兴趣和需求。通过提供丰富多样的选择,我们确保学生在参与课程的过程中能够找到满足感和成就感,从而激发他们持续参与和学习的热情。

（二）打造一专多能的师资队伍

针对高校体育教师师资力量不足的问题,我们需要采取综合策略来加强师资队伍建设。除了积极扩大教师的招收范围,吸引更多优秀人才加入,我们还应注重对现有师资队伍的全方位培训和发展。在保持教师专项能力优势的同时,鼓励教师跨领域学习,提升他们对其他体育项目的教学能力。

为了实现这一目标,学校需要构建一个完善的培训体系,定期组织教师进行专业技能和教学方法的培训,并提供相应的考核机制,以确保培训效果。通过这种方式,可以不断提升教师的综合素质和教学能力,避免因为教师专项水平不高或专长发展不均衡而影响体育教学质量和进度。一个一专多能的师资队伍,能够更好地满足学生的多样化需求,推动高校体育教学的全面发展。

（三）构建完善的考评机制

在构建大学体育俱乐部教学模式的过程中,一个关键的组成部分是建立一个全面且可持续的考评机制。该机制的主旨在于创建一个科学合理的评价体系,进而全面考查学生与教师的综合素质,推动体育俱乐部教学模式的健康发展。

此外,对教师的考评同样需要构建一个全面而系统的框架。这个框架应覆盖教师的专业素养、组织活动的能力以及教学技能等关键领域。

通过对教师教学过程的持续跟踪和对其教学成果的综合评估,可以激励教师不断提升自身的全面性和专业性,进而为学生提供更优质的体育教学体验。

(四)拓宽经费来源

鉴于当前高校体育俱乐部经费来源的单一性,以及无法满足其教学需求的现状,学校应积极探索多元化的经费筹措途径。除了依赖学校的财政拨款,还需主动拓展外部资金来源。例如,加大对外宣传力度,吸引社会赞助;与周边社区建立合作关系,实现资源共享;或是通过市场化运作手段,如开展体育培训、举办赛事等增加收入。这些措施将有效确保体育俱乐部教学模式的持续发展,满足其日益增长的教学需求。

第四节 高校体育俱乐部教学模式的应用指导

一、高校体育俱乐部教学模式的定位

体育俱乐部作为高校中的一种组织形式,它不仅紧密地将体育爱好者与学校的体育设施联系起来,而且通过俱乐部这一平台充分展示了体育运动的独特魅力。体育俱乐部的核心宗旨是通过组织体育活动来增强师生的身体素质,促进师生间的友谊,提升体育文化素养,并最终帮助师生建立起健康的生活方式。

与传统的体育教学相比,高校体育俱乐部提供的内容更加丰富多彩。它不仅扩展和补充了传统的体育教学,还为学生提供了一个多元化的锻炼和展示自我的平台。在这个平台上,学生可以根据自己的兴趣和爱好,自由选择各种运动项目,并以极高的热情参与其中,从而不断提高自己的运动技能。

此外,高校体育俱乐部的培养目标也呈现出多元化的特点。它不仅致力于帮助学生提高运动技能,还旨在通过体育运动让学生获得更广泛的社会认可和关注,激发他们对体育的热爱和参与度。这种积极向上的体育氛围不仅有利于培养学生的团队精神和竞争意识,也对我国体育事

第五章 高校体育俱乐部教学模式及其应用

业的整体发展起到了积极的推动作用。

二、高校体育俱乐部教学模式的现实意义

当前的高校体育俱乐部,是为了满足学生的运动学习需要而产生的一种新的体育教学模式,因此,它的产生本身就具有很强的现实意义。高校体育俱乐部是围绕着为学生提供一个与众不同的学习环境的目的而建立的,因此,在运作过程中非常灵活,摒弃了一切冗余和烦琐的条条框框,只为了给学生创造一个积极、健康的运动条件。因此,从这一角度来看,高校体育俱乐部还具有一定变革性和创新性。

另外,体育俱乐部的凝聚力非常显著,它将兴趣相投的学生聚集在一起,共同参与多样化的体育活动。这些活动不仅加深了学生间的友谊,而且在团队合作中锻炼了他们的协作能力和沟通技巧。更为重要的是,体育俱乐部的活动为校园体育文化的发展注入了新的活力,增添了多元性和包容性。

随着体育俱乐部活动的持续推进,其对校园文化的积极影响愈发突出。学生在参与体育活动的同时,不仅增强了体质,还塑造了积极的精神状态和健康的生活方式。这种正面影响逐渐扩散至校园的每个角落,促进了校园文化向更健康、更积极的方向发展。因此,高校体育俱乐部在推动校园文化的进步中扮演了不可或缺的角色。

三、高校体育俱乐部教学模式的应用策略

(一)以学生的需要为核心

高校体育俱乐部应秉持以学生为核心的教育理念,致力于满足学生的个性化学习需求。当前的年轻学生,有了更强的独立思考能力,他们对人生的价值追求也更加多元,这是社会进步的重要体现。然而,在这样的背景下,高校课堂内的体育教学已经无法满足学生各种各样的学习需要,因此,俱乐部教学模式得到重视。通过体育教学俱乐部的快速发展,能够让学生有机会自由选择想要学习的体育课程,跟随自己喜欢的体育教师,从而使体育教学更加个性化和民主化,这对鼓励学生的自主

学习意识具有积极的作用。

此外,通过俱乐部的经营和发展,还可以为学校带来一定的社会资源,这些资源反过来又可以助力高校体育教学的发展,形成积极的正向循环。同时,也营造了和谐的师生关系,让学生的学习更加轻松,更有效率。

(二)积极寻求企业的赞助

为了解决俱乐部活动资金不足的问题,高校体育俱乐部应积极寻求体育赞助。通过拓展与社会企业的合作,建立互助互利的关系,可以有效提高高校体育俱乐部教学模式的效率。由于有了企业赞助,高校在开展俱乐部活动时得到更宽裕的资金支持,也会得到多种资源的支持,从而激发了俱乐部的活力,给学生带来更宽广的视野,提高他们的学习兴趣和投入程度。

长期来看,校企合作无论对提高学校的教学效率,还是扩大企业的影响力,都具有积极作用,应该鼓励更多的高校和企业都加入这一行列,为发展寻求新的突破点。

(三)优化俱乐部管理体系

高校的体育俱乐部教学是在体育教学的基础上,根据学校教师的实际水平,和学生的学习兴趣而开设的,是对课堂体育教学的有效补充。尽管体育俱乐部发挥了有利的教学价值,但是由于其具有相当的随意性,并且难以实现在所有学校建立起一致的教学标准和管理方式,因此,主体体现为管理体系薄弱,各个学校之间难以形成矩阵效应,在各自为政的现实条件下,难以发挥应有的作用。

因此,各个高校应加强对俱乐部的管理,从人员配备、定期培训,到教学内容的系统化、规范化、长期化,以及在不同层面都建立起完善的运行机制,制定详尽的俱乐部章程等。与此同时,鼓励不同院校之间加强交流与合作,激发俱乐部的活力,从而形成高校体育俱乐部教学模式的持续发展。

第五章　高校体育俱乐部教学模式及其应用

四、高校体育俱乐部制教学模式建构途径

（一）树立科学的体育教学指导思想

为了突破传统高校体育教学理念的局限，我们必须建立一个科学且正确的体育教学理念。随着高校体育教育的不断改革与发展，教育方针已经逐渐转向以"健康为先、素质教育和终身教育"为核心。在实施体育俱乐部教学模式的过程中，我们应当进一步强调健康意识的重要性，并将关注学生的内心需求、全面提升学生的素质作为现代高校体育教学的重要指导思想。

在构建体育俱乐部教学模式时，重点应放在培养学生的积极参与意愿，建立正确的体育健康观念，并引导他们树立终身参与体育活动的意识。此外，为了推动高校体育俱乐部教学模式的进一步发展，有必要全面审视和总结现有的高校体育教育思想和教学模式，以便为深化体育教学改革提供有力的探索和积极的启示。通过这些措施，可以确保高校体育教学更加符合现代社会的需求，更有效地促进学生的全面发展。

（二）加强高校体育教师队伍建设

在全面推进"让学生全面发展"教育理念的今天，高校体育教学正面临着转型升级的新要求。特别是担任体育俱乐部教学任务的教师，亟须打破传统教学模式的束缚，深入理解俱乐部教学与常规教学之间的差异，并致力于提升自身的专业素养和教学技能，以更好地满足学生对体育课程多样化选择的需求。

为了促进高校体育俱乐部教学模式的深入实施，迫切需要一批既具备专业素养又拥有教学才能的体育教师。为此，高校体育部门正致力于通过多种途径加强师资队伍建设：一方面，通过内部培训和教育，不断提升在职体育教师的教学水平；另一方面，通过积极的人才引进策略，吸引更多高水平的体育教育专业人才加入教师团队，从而整体提升体育俱乐部教学质量。

除此之外，高校还可以根据学生的个性化需求，聘请具有特定专业技能的兼职教师,以此来丰富教学内容,提升教学的专业性与针对性。这不仅有助于提高体育教师队伍的教学质量,也能够为学生提供更加多元化的学习选择,进一步激发学生的学习热情,促进其全面发展。通过这些措施,高校体育教学有望更好地适应新时代教育的要求,为培养德智体美劳全面发展的社会主义建设者和接班人做出更大的贡献。

(三)建立完善而健全的规章制度

在构建高校体育俱乐部教学模式的过程中,不能忽视对规章制度的建立和完善。只有拥有健全的规章制度,高校体育俱乐部教学模式才能稳定、有效地发展,才能给学生带来良好的学习体验。同样,这些规章制度不仅为俱乐部管理提供了职业化和科学化的指导,更是确保俱乐部各项工作有序进行的重要保障。

同时,高校体育俱乐部也可以积极借鉴和学习社会层面俱乐部的运行模式,从中吸取有益的经验和做法,以进一步促进俱乐部教学模式的良性发展。这不仅有助于提升俱乐部的教学质量和服务水平,还能为探索高校体育改革提供宝贵的借鉴和参考。

(四)塑造积极健康的体育氛围

在现代科技的浪潮下,高校学生群体中出现了一些过度沉迷于网络的现象。不少学生在体育课和课余时间更倾向于沉浸在移动设备的虚拟世界中,这不仅削弱了他们对体育学习的热情和参与度,也成为高校体育教学活力不足、创新缺乏的一大原因。为了贯彻"人的全面发展"教育理念,高校体育教学亟须转变,以促进学生在德、智、体、美、劳各方面的均衡成长,培养出身心和谐、健康发展的青年一代。

为此,高校需要从教育的整体战略出发,认识到营造积极健康体育氛围的重要性,并制定相应的制度来保障这一目标的实现。体育教学部门作为培养学生体育技能、提升体育文化素养、促进学生身心健康的关键部门,肩负着构建校园体育文化核心的重要任务。

目前,高校体育教学中存在教师与学生之间沟通不畅、互动不足的问题,教师常以管理者自居,这容易引发学生的抵触情绪,导致体育课堂缺乏吸引力。为了改善这一状况,高校开始探索体育俱乐部教学模式。在这一模式下,师生关系更为平等,教师更容易发现并肯定学生的优点,学生也更乐于接受教师的指导和鼓励。学生可以根据自己的兴趣和特长选择加入不同的体育俱乐部,这不仅提高了他们的参与热情,还有助于培养对体育活动的热爱,从而营造了一个积极、充满活力的体育教学环境。

这种积极健康的体育氛围与俱乐部教学模式形成良性的互动和互促,不仅能够激发学生的学习兴趣和活力,还能推动高校体育教学模式的改革与发展,为培养更多全面发展的人才奠定坚实的基础。

第五节 高校体育俱乐部教学模式的实施现状与重构

一、高校体育俱乐部教学模式的实施现状

(一)缺乏以学生为主的理念

高校体育俱乐部教学旨在激发学生的体育兴趣,提升他们的体育能力,然而,在实际的组织形式上,仍显露出以教师为中心、忽视学生个性发展的倾向。这种教学模式过分强调教师的主导地位,导致学生往往只能按照教师的意愿机械地完成任务,限制了他们主观能动性的发挥,进而挫伤了他们的积极性和个性发展。为了真正实现体育俱乐部教学的目标,高校需要转变教学观念,尊重学生的主体性,鼓励他们积极参与,自主发展,从而真正达到提升学生体育兴趣和能力的目的。

(二)经费短缺影响教学投入

经费短缺不仅影响俱乐部开展体育活动的质量和频率,还可能削弱学生的体育兴趣和参与积极性,从而违背俱乐部培养学生体育兴趣、提升体育能力的初衷。因此,解决经费问题已成为高校体育俱乐部发展中亟待解决的重要任务。高校需要积极探索多元化的经费筹措渠道,如寻求社会赞助、与企业合作等,以确保体育俱乐部能够持续、健康地发展,

更好地服务于广大学生。

(三)管理体系混乱、无序

许多高校体育俱乐部在运行过程中缺乏明确的目标,对体育教育的投入和重视程度不足。这导致体育课安排有限,通常每周仅有一节,且课程质量参差不齐。有时老师可能随意缺席,或者即使到场也不安排具体的活动任务,使学生感到迷茫和无所适从。随着时间的推移,学生的热情和兴趣逐渐消退,对体育课产生了抵触情绪。尽管高校体育俱乐部在结构上可能看似庞大,但由于管理体系的混乱,其应有的功能和作用并未得到充分发挥。

(四)师资队伍始终不足

体育俱乐部教师的角色本应是通过体育活动增强学生的体质、促进健康、增加体育知识,但现实中,部分教师的综合素质和专业能力存在不足,有些项目甚至是由临时安排的老师负责,这无疑影响了体育俱乐部的教学质量和学生的学习体验。

二、高校体育俱乐部教学模式的重构

随着我国体育教育改革的不断深入,高校体育俱乐部教学模式的重构显得尤为重要。在深入分析和研究国外体育教学俱乐部课程模式的基础上,我们深刻认识到,直接复制和照搬国外的模式并不能完全适应我国的教育环境和文化特点。因此,我们必须结合自身的实际情况,进行有针对性的改革和创新。

(一)强调"健康第一"和"终身体育"的核心目标

我国高校体育俱乐部的建立和发展,是随着教学理念的不断提升而来的。面对当前体育教学中的一些不足,特别是传统体育课堂在发展和培养学生"健康第一"和"终身体育"目的方面表现出的欠缺,通过研究国外体育发达国家的教学经验,发展体育俱乐部是一个很好的方式,既能够补充传统课堂教学资源和时间的有限性,又能充分调动学生的兴趣,进而促进他们养成"健康第一"和"终身体育"的意识和习惯。

通过学习国外的成功经验,以及结合我国高校体育教学的优势,规避现有条件的不足等,特提出根据各个高校自身的师资情况和传统体育优势项目等因素,构建具有校本特点的体育俱乐部教学模式,并已经显现出较好的效果。

比如,在俱乐部教学模式下,学生表现出更强烈的学习自主性,并激发了一定的组织能力、管理能力、社会资源调动能力,这无疑对人才的全面成长具有积极意义。

(二)注重体育课程的灵活性和系统性

为了和传统体育教学模式相区别,高校体育俱乐部教学模式表现出更强的灵活性,同时也不失体育教学的系统性,让学生在课余时间,也能得到正规、系统的体育教育和训练,从而为他们长期、深入地发展一项运动技能创造了条件。

在教师聘用方面,俱乐部的教师趋于年轻化,这也符合学生的学习需要,因为和校内的体育教学相比,体育俱乐部的师生关系相对淡化,更多的是教练和学员的关系,没有成绩和规训的负担,教练和学生都能将全部精力投入在具体的技能训练方面,这是学生所追求的更为单纯的体育环境,能让他们在紧张的学习空闲,感受彻底的放松,感受体育的魅力和队友之间的默契配合,享受团队带来的归属感和抱持感。

(三)建立完善的评估和反馈机制

尽管俱乐部教学模式没有考试和成绩的压力,但是并不代表俱乐部里的训练是松散的、随意的,实际上,俱乐部教学模式有其特有的评价和反馈机制,以另外一种方式督促学生坚持训练,并取得优异的成绩。

具体而言,就是以学生在训练和比赛中的表现,评价其在一段时期内的运动成就,以及教练的教学水平。因此,俱乐部必须建立起一套有效且具有可操作性的评价机制,以促进学生更好地学习和训练。

（四）重新设置与选择体育教学形式

在新课程标准的指导下，体育教学形式的重置与选择变得尤为重要。为了形成丰富多样的体育教学形式，需要充分利用国家、地方和学校三级课程管理模式所提供的灵活性，确保学校和地方能够根据自身的实际情况和特色，进行自主的教学规划。

在实施过程中，还应该紧密结合地方实际，深入挖掘并整理当地的体育文化特色。这些特色文化资源不仅承载着地域的历史与文化记忆，更是培养学生综合素质的宝贵财富。因此，将它们纳入学校体育校本教材，不仅是对地方文化遗产的一种保护和传承，也是贯彻落实新课程标准、丰富和充实校本教材的有力举措。

同时，为了鼓励学校和教师积极参与体育课程开发，我们还应将体育课程开发纳入学校的行政规划和业绩考核之中。这不仅能够促进体育教学的多样性，激发教师的创新热情，还能为学生提供更加多元化、个性化的学习体验，进而推动学校体育教育的全面发展。

第六章 新媒体视域下高校教学新模式及其应用

在新媒体技术的推动下,高校教学正在经历一场深刻的变革。新媒体以其独特的传播方式和交互性,为高校教学带来了前所未有的机遇。本章将深入探讨新媒体视域下高校体育教学的模式创新及其应用,以期为高校教学改革提供参考。

第一节 新媒体时代高校体育教学模式的创新

随着信息化时代的到来,社会经济蓬勃发展,互联网信息技术已深深渗透到人们的日常生活、工作和学习之中,人们的思想观念也日益多元化。在这一背景下,体育作为一门旨在提升学生身体素质的重要学科,面对新媒体环境的挑战,必须积极拥抱信息技术,充分发挥其优势。

高校体育教学应科学合理利用信息技术,丰富课堂教学内容,通过引入多媒体教学资源,使体育知识更加生动、直观。同时,要有效利用体育教学资源,确保资源的最大化利用,为学生提供更多元化、个性化的学习体验。

在新媒体环境下,高校体育需要打破传统单一的教学模式,通过创设良好的体育课堂氛围,激发学生对体育学习的兴趣和热情。利用信息技术,可以创新教学方式方法,如采用线上线下混合式教学、虚拟现实(VR)体验教学等,让学生在参与体育学习的过程中,真正感受到体育运动的乐趣和魅力。

一、优化教学理念,创新体育教学方法

为提升高校体育课堂的教学质量,优化体育教师的教学理念是关键所在。学校应加大宣传力度,强调新媒体在教学中的独特优势,通过举办专题活动来展示新媒体在课堂活动中的实际应用,使体育教师深刻认识到新媒体在教学中的价值,并理解其在教学改革中的推动作用,这是未来高校教育发展的重要趋势。

新媒体的应用不仅能帮助教师丰富教学手段,更能激发学生的体育参与热情,确保体育教学的有效实施。随着新课程改革的推进,体育教师需要更加注重动作演示和与学生的交流互动,通过视觉、听觉等多感官刺激,加深学生对体育理论知识的理解,同时强化学生的体育技能训练,确保学生获得良好的体育学习效果。

在体育竞技方面,体育比赛不仅是选拔体育人才的重要途径,更是培养学生体育精神、提高体育素养的绝佳机会。在跳远比赛中,我们可以利用位移传感器等现代技术替代传统的木尺测量,确保比赛结果的公正性和准确性。同时,对整个比赛过程进行记录,使学生能够及时了解自己的比赛成绩,感受到体育竞技的魅力和挑战。

二、媒体化高校体育教学模式

新媒体时代,媒体以其独特的魅力成为最显著的时代标志。随着大众传媒的蓬勃发展,各类媒体如雨后春笋般涌现,为大学生提供了丰富多元的信息资源。因此,构建媒体化教学模式成为新媒体时代的重要任务,这一模式不仅符合社会发展的趋势,也满足了大学生对传媒的浓厚兴趣。

媒体化教学模式在教学方式和手段上进行了大胆的创新与改革。它摒弃了传统教学中单一、乏味的教学模式,将媒体元素巧妙地融入教学之中,使教学内容更加生动、直观,因此极大地激发了学生的学习兴趣。

媒体化教学模式的推广和应用,不仅改变了学生对体育课程的认知,也提升了教学质量和效果。它让学生在学习过程中更加主动、积极,增强了学习的互动性和趣味性,使体育教学焕发出新的生机与活力。

三、助力高校体育教学内容的创新

随着新媒体环境的蓬勃发展,高校体育教学内容正在经历一场重要的变革。新媒体技术的广泛应用,特别是微课的兴起,为体育教学注入了新的活力,极大地丰富了教学内容和形式。

微课,作为互联网时代的产物,以其短小精悍、内容精炼且趣味性强的特点,迅速成为高校体育教学的新宠。微课通过精心制作的视频、动画、图片等多种形式,将体育知识和技能生动地展示给学生,有效调动了学生的积极性和学习兴趣。

在微课的应用下,体育教学能够更加直观地展示技术动作的细节和要领,帮助学生更好地理解和掌握。以篮球双手胸前传接球的教学为例,教师可以将这一技术动作分解为双手胸前传球和双手胸前接球两个部分,并借助微课视频详细展示这两个动作的每一个细节。通过微课视频,学生可以清晰地看到双手的位置、手指的发力方式、传球时的身体姿势以及接球时的脚步移动等关键要素,从而更加深入地理解这一技术动作。

对于篮球运动技术的学习,虽然技术内容看似简单,但在实际掌握过程中却需要一定技巧和练习。微课视频的应用可以帮助学生更好地理解和掌握这些技术动作,提高学习效果。

总之,在新媒体时代,高校应积极利用当前的先进技术,丰富体育教学的内容,提升教学效率,同时还能有效激发学生的求知欲和学习欲。

四、利用新媒体平台构建高效线上体育教学环境

在新媒体技术的助力下,高校体育教师纷纷利用微信公众号、小程序、在线教育平台等现代工具,精心打造线上体育课堂,为学生创建出资源丰富、互动频繁的全新学习空间。

通过线上视频教学,教师可以录制详细的体育动作解析、技巧教学等视频内容,供学生们随时随地观看学习。而直播教学则让师生之间的实时互动成为可能,教师可以即时解答学生的疑问,调整教学内容和进度。

此外，在线教育平台提供的在线讨论功能，为学生提供了一个相互交流、分享心得的平台。在这里，他们可以就某个体育话题展开讨论，或者分享自己的学习心得和体验，进一步加深对体育知识的理解和掌握。

这种线上教学模式不仅打破了传统体育教学的时空限制，让学生可以更加灵活地安排自己的学习时间，也大幅提升了体育教学的效率和质量。在新媒体技术的支持下，高校体育教学正迈向一个更加高效、便捷的全新时代。

第二节　新媒体视域下高校体育微课教学模式及应用

一、微课概述

（一）微课的概念

微课，是一种创新的教学模式，其核心在于通过视频形式精准捕捉并展示教师在课堂内外教学活动中的关键环节或重要知识难点与重点。作为一种革命性的教学方式，微课为学生提供了极大的灵活性，使他们能够随时随地进行碎片化的学习活动，从而更加高效地掌握和理解知识。

（二）微课的组成

微课是一种新型的教学形式，利用先进的多媒体技术，以简短的视频为主要教学手段，目的是利用碎片化的时间进行学习，同时，微课还有助于快速抓住学生的注意力，在短时间内将一个概念或者一个知识点讲解完成，从而提高教学效率。因此，微课基本上是由短小精悍的视频构成，这是微课的基本形式。但是在内容方面，微课可以涵盖各种教学资源、教学练习、教师点评以及学生的学习心得等。

总之，微课是以一种灵活小巧的现代教学模式，和传统教学形成很好的互补,丰富了学生的学习体验,有效提升了高校的体育教学效果。微课就是基于这些传统教学资源,结合现代教学理念和技术手段,形成的一种新型教学资源形式。

(三)微课的特点

1. 碎片化

微课的一个显著特点体现在碎片化学习上。通常,微课视频时长控制在 10 分钟左右,教师在这短暂的时间里,通过精心录制的视频,将课程的核心内容和教学过程清晰地呈现出来。与传统课堂 45 分钟的教学时间相比,微课将原本连贯的课程内容转化为一个个紧凑的"点",使内容更加精炼且易于理解。这种点状课程的转变为学生提供了极大的便利,他们不仅可以在课堂上专注学习,还能在课外利用零散的时间,如排队等待就餐的间隙,进行高效的学习。因此,微课以其碎片化学习的特性,为学生提供了更为灵活和多样化的学习方式。

2. 精准聚焦

和传统的体育课程相比,微课短小精悍,每一节课都有十分具体明确的主题,这对于精讲知识点非常有利,能促进学生集中注意力专注攻克某一个技术难点,因此具有精准聚焦的特点,从而明显提高学习效率。

3. 增强师生互动

由于微课的便利性和灵活性,因此而具有增强师生互动的显著特点,实现了师生之间的学习与反馈同步,从而进一步优化了教学效果。

4. 资源的可重复使用性

微课模式赋予了学生极大的学习灵活性。学生可以根据自己的学习需求，随时随地利用微课资源进行体育学习活动。无论是在课前预习运动技能，还是在课后巩固难点和重点，甚至是在练习课上学习动作时，微课都能提供有效的支持。此外，微课资源的可重复使用性还激发了学生课程学习的积极性，使学习变得更加高效和有趣。

二、新媒体视域下微课在高校体育教学中的应用

（一）应用于学生体育需求调研

在制作体育微课之前，教师应首先深入分析体育教学内容，精准提取其中的难点与重点。同时，结合当前热门的体育栏目和新闻动态，使微课内容更具时效性和吸引力。随后，利用移动互联网的多样化渠道，如学校网站、社交媒体平台等，将精心制作的体育微课广泛传播至学生群体。

通过对微课中学生点击率、观看时长以及帖子评论内容的细致分析，教师可以更加深入地了解学生对体育课程的真实兴趣与期待，从而评估并优化体育课程内容的合理性。这种方法不仅有助于教师更加精准地把握学生的需求，还能确保体育课程内容的针对性和实效性。

另外，在前期对体育微课进行广泛传播，还能有效激发学生的体育学习兴趣，引发他们对即将学习的新内容的期待和好奇，进而提升学生的体育参与度和学习动力。[①]

（二）应用于体育课程设计中

体育微课是短视频时代对高校体育教学的一次重大变革，它不仅颠覆了沿袭数百年的传统教学方式，带给学生全新的学习体验和高效的学习效率，而且更重要的是，由于微课有效地参与了体育课程的设计，从而显著地增加了体育课程的灵活性和丰富性。作为多媒体时代的产物，微课不仅为传统的高校体育教学模式注入了新的活力，而且还为体育教学引领了新的方向。未来的体育教学和体育课程，会发生极大的改变，

---

① 付晓东，荆俊红. 多媒体技术理论及其应用[M]. 北京：九州出版社，2018.

第六章 新媒体视域下高校教学新模式及其应用

比如,教师的授课不再受到时间、天气、地点和人数的限制,而学生则有了更多的选择去跟随自己钟爱的体育教师,学习更多的运动项目。在新媒体时代,体育微课的应用成为必然趋势,并且在某种程度上决定了体育教学未来的发展趋势,当然也为体育教师提出了全新的要求。

例如,在设计体育课程时,体育教师可以加入世界优秀运动员的训练片段,从而拓展学生的视野,让他们感受到体育运动的魅力,激发出学生潜在的体育兴趣。再如,由于打破了课堂教学时间的限制,体育教师在设计体育课程时,可以加入很多新的教学内容,让学生利用碎片时间观看和学习,而不是像以往那样,仅能通过面对面的授课形式进行教学。

(三)应用在体育课程教学中

传统的体育教学依赖于教师的亲自讲解和示范,因此,不同水平的体育教师直接决定了学生学习效果的高度,特别是在一些边远落后地区,教师和学生的学习资源都相对有限,体育课程也难以有质的突破。而在新媒体时代,由于微课这种创新形式的出现,可以说对西部等落后地区的教学带来飞跃式的进步。原来,一些学校的体育教学由于条件落后,难以激发教师和学生的积极性,因此而具有明显的功利性。教师和学生并不追求体育教学的高质量发展,更多的是为了完成考试,拿到成绩应付升学。

在新媒体时代,体育教师可以方便地获得许多教学资源,这极大地激发了教师的教学热情,同时也点燃了学生对体育的兴趣。一些年轻教师通过互联网,将最新的国际性体育赛事片段在体育课堂上播放,引导学生学会欣赏体育的运动之美和运动员的拼搏之美。这种新颖的教学方式不仅能够迅速吸引学生的注意力,而且还有效地激发出学生的爱国主义情怀,使他们自觉地投入体育学习和训练,从而提升了体育教学效果,长远来看也对促进国民健康起到积极作用。

(四)应用在体育课后辅导中

以往,高校的体育教学几乎没有课后辅导这一环节,因为学校的师资力量有限,体育教师本来就人手不足,完成教学已经满负荷运转,难以抽出时间给学生做额外的课后辅导工作。而在微课时代,体育教师通过录制微课短视频等方式,能够全面改善这一窘境,让学生在课后也能根据自身的需要及时复习,或者针对薄弱环节自觉安排练习和训练,从而大幅度提升了学生的体育成绩和运动水平。

一些优秀的体育教师,还会建立个人专属的视频号,分享大量的体育教学内容。供有兴趣的学生自主学习,学生也可以利用课余时间,选择自己感兴趣的运动项目进行自学,因此,当代大学生的运动时间、运动水平,以及他们所掌握的运动知识和技能,都远远超过以往的学生群体,这和当前新媒体的高度发达不无关系。尤其是微课这种形式,非常适合高校学生的自学,不仅丰富了学生的课余生活,而且还有效地利用了一些碎片化时间,满足了学生发展个人兴趣的需求。

(五)应用在体育课程分享中

课程分享也是高校学生发展体育兴趣,交流学习经验的一种有效方式。由于微信、短视频平台的高度成熟,高校学生群体成为其中最活跃的用户。其中关于运动技巧的分享占有相当大的比例。这也从侧面体现出学生对体育运动的强烈兴趣,以及具有较强求知欲。对此,高校和体育教师应该借此努力拓展学校的体育教学内容,创作出立意新颖、内容丰富的体育教学内容,不仅方便学生的学习,而且通过分享,还能扩大学校的影响力,激励体育教师不断精进业务,提升学校的整体教学水平。此外,学校还可以组织对体育舞蹈有兴趣的学生共同参与微课学习,这不仅有助于体育舞蹈社团的蓬勃发展,还能极大地丰富学生的课外生活,让他们在分享与学习中共同成长。

第三节 新媒体视域下高校体育微信教学模式及应用

一、微信教学模式的优势

(一)学生个性化需求推动微信教学模式的进程

大学生对传统体育教学模式的兴趣普遍不高,主要原因在于该模式的教学内容和方法较为刻板和单一,难以激发大学生的积极性。鉴于此,引入移动学习作为一种新型教学方式显得尤为重要,其潜在的应用效果备受期待。

移动学习指的是利用无线移动通信技术,通过智能手机等移动设备,让学生能够在任何时间、任何地点访问学习资源,实现教育内容和服务的即时获取。鉴于大学生普遍拥有智能手机,这为移动学习在高校体育教学中的实施提供了便利条件,使得这种新型学习方式具有广泛的可行性和实用性。

移动学习在高校体育教学中的尝试,不仅满足了大学生对体育学习的个性化需求,也有效解决了大学生缺乏体育锻炼和高校体育教学效果不佳的问题。通过移动学习,大学生可以依据自己的兴趣、时间和地点,灵活选择学习内容和方式,从而更加积极地参与体育锻炼,提升学习效果。

(二)高校体育课程与移动学习的融合优势

高校的体育课程虽然以面授为主,但受限于传统教学模式,教学效果并不尽如人意,这在一定程度上影响了体育教学的有效性和学生的健康成长。随着教育现代化和高等教育改革的深入推进,高校体育课程亟须改革以适应时代的需求。移动学习平台的应用,以其灵活性和互动性强的特点,为高校体育课程的创新提供了可能。通过移动学习,教师可以利用多种教学资源,创建更丰富多样的教学环境,从而更好地实现体育教学的核心目标——增强学生的身心健康,培养高素质人才。高校作为教育的前沿阵地,具备开展移动学习所需的各项基础条件,这为构建微信移动学习平台提供了有力保障。

(三)微信已成为移动学习的强大支撑

微信,这款由腾讯公司在2011年推出的即时社交平台,如今已成为人们生活中不可或缺的移动社交工具。它支持文字、语音、图片、视频等多种形式的实时传输,同时提供群聊等互动功能,使得信息交流更加便捷和高效。特别是微信公众平台开放后,其强大的功能为移动学习提供了丰富的资源和平台支持,受到了广泛好评。对于大学生而言,微信不仅是他们日常沟通和交流的工具,更可以作为一个便捷的学习平台,帮助他们实现碎片化的学习,随时随地进行知识的获取和积累。

二、新媒体视域下高校体育微信教学模式的应用

(一)构建高校体育微信移动学习环境

在高等教育体育教学领域,为了高效实施基于微信平台的移动学习策略,首先需要构建一个基础性的移动学习环境。体育教师应充分利用微信的公众平台功能,创建并激活一个专门用于移动学习的微信公众号。学生通过微信搜索并关注此公众号,同时,建立一个专门的移动学习交流群组,为微信移动学习的顺利进行打下坚实基础。

在完成初步的准备工作之后,教师需要精心策划并编辑公众号上的教学内容,明确教学目标,并整合多模态教学资源。这些资源包括但不限于体育技术动作的指导原则、详细的文字描述、图解示例、视频演示以及音频解说等,旨在构建一个多维度的教学资源库,以支持学生的移动学习需求。通过这种方式,教师能够为学生提供丰富、互动性强的学习材料,从而促进学生在微信平台上的自主学习和互动交流。

这些资源将推送至微信公众平台,帮助学生全方位、多角度地理解和掌握体育知识,把握教学重点,为后续学习的深化打下坚实基础。

（二）高校体育课外个性化移动学习

微信作为中国当前最强大的移动通讯媒体代表，几乎影响了中国人生活的方方面面，在高校的体育教学方面，也同样发挥出不可忽视的作用。由于智能手机的普及，为微信等线上应用的功能发展创造了无穷的想象空间。在体育教学中，由于微课的加入，极大地提升了个性化移动学习的可能性，为学生提供了更大的灵活性和自主选择的空间，具体表现如下。

1. 师生间的实时沟通

微信的出现，使人与人之间的距离仅有一个手机的距离。不仅为人们的生活带来极大的方便，更是为学生的学习提供了前所未有的条件。通过微信，学生可以和教师随时随地发送消息，讨论问题。这种实时沟通为学生带来诸多便利，对提升体育学习兴趣和学习效果也较显著。

2. 个性化学习资源获取

在互联网的加持下，学生可以根据自己的兴趣和学习需求，通过微信平台搜索到丰富的学习资源，从而实现个性化的学习。并且只要学生有恒心，有坚定的信念，他们甚至可以仅仅通过微信平台就能获得足够的学习资料，只要投入时间进行练习，就能学到自己想学的几乎所有运动技能。

3. 学习数据分析

在大数据时代，当代大学生都具备一定的数据分析能力，通过数据分析，学生能够准确抓取自己需要的信息，从而极大地提升学习效率。比如，可以根据需要，在全世界范围内搜索自己需要的学习资料，跟随自己喜欢的体育教练的课程，这些都是微课个性化移动学习所体现出来的得天独厚的优势。

4.加强反馈与互动

通过微信平台,只要教师有时间,就能和学生进行互动,指导他们的动作,传授技术要领,或者通过视频来检查学生的训练完成情况。可以说,微课的出现,给教学带来极大的便利,让师生间的距离更加接近,也提升了学生的学习动力。

(三)高校体育课内移动化学习实践

微信移动学习在高校体育教学改革中的应用,使得课堂成为师生互动与沟通的新平台。在课堂上,教师面临以下两大教学任务。

第一,教师需要确保学生在自主学习过程中能够完成布置的任务,并通过微信群即时反馈学习情况。教师则在课堂上针对体育教学的重点和难点进行集中解答,提供具体方案,以加深学生对知识点的理解,为学生解答疑惑。

第二,在移动学习过程中,学生虽然能接触到大量的学习资源,但他们的资源筛选能力有限,这可能导致学习内容繁杂,且难以有效利用碎片时间进行深入学习。为应对这一问题,教师需要指导学生有效分析资源,按照体育教学的要求,帮助学生梳理学习内容,确保学习的系统性和深入性。

通过这种方式,微信移动学习不仅提高了学生的参与度和互动性,也促进了体育课堂教学效果的提升。

(四)高校体育微信移动学习评价体系构建

在高校体育微信移动学习的实施过程中,构建有效的学习评价体系是确保教学质量的关键。作为一种创新的微信教学内容尝试,其教学过程的有效性直接关联到学生的学习成果。

从微信移动学习的实践来看,其效果显著,学生参与度与积极性均明显提高。在构建评价体系时,应综合考虑投入、产出和效果三个维度。投入方面的评价指标包括移动学习课堂内容的开发时间、课程重视程度以及学生获取知识的广度与深度等;产出方面的评价指标则涵盖学生搜索移动学习公众号的频率、参与群讨论学习的积极性以及减少非学习类 APP 使用的情况等。

在评价效果时,应将微信移动学习与传统的体育课堂进行对比分析,通过对比学生在两种教学模式下的学习表现、知识掌握程度以及技能提升情况,来检验微信移动学习的实际效果。这种评价方式不仅有助于教师全面了解学生的学习情况,还能促进教师主动思考,不断优化教学方法,提升教学质量。

第四节　新媒体视域下高校体育慕课教学模式及应用

慕课在高校的体育教学中也发挥着越来越重要的作用,本节将对慕课的教学模式和应用展开具体分析。

一、慕课概述

（一）慕课的概念

慕课,作为一种独特的教学模式,它围绕某一共同的主题或话题,成功地将全球各地的学习者和教育者紧密相连。这种教育模式往往采用话题研讨的方式进行,授课者和学习者仅需按照大致提供的时间表参与。在大多数情况下,慕课对学习者并无特定要求,其内容表述也相对简明易懂。

（二）慕课的特点

慕课,作为一种独特且富有创新性的教学模式,其核心是围绕某一共同的主题或话题,有效地将遍布世界各地的学习者和教育专家紧密联系起来。在这种模式下,学习通常以话题研讨的方式进行,为授课者和学习者提供了一个灵活而富有弹性的学习环境,他们只需按照一个大致的时间框架参与。此外,慕课通常不会对学习者设定严格的先决条件或特定要求,其课程内容的设计也力求简明扼要,便于理解。

二、慕课在高校体育教学中的应用

(一)高校体育教学中慕课的应用价值分析

慕课自引入我国以来,已经历了数年的探索与发展,众多学校纷纷进行了尝试,然而,其在高校体育教学领域的应用仍显不足。但实际上,慕课的教学方式在高校体育教学中具有极大的潜力和适用性。

首先,随着现代网络技术的飞速发展,慕课的应用拥有了坚实的现实基础。学生可以在浏览网络信息的同时,便捷地进行学习,实现学习与娱乐的完美结合。

其次,在高校体育教学中引入慕课的教学方式,不仅能够促进学生深入参与体育学习活动,还能使学生自主掌握学习进度。同时,慕课平台提供的丰富学习资源,有助于学生找到适合自己的运动方式,实现个性化学习。

最后,通过在高校体育教学中应用慕课,学生可以在进行体育锻炼时参考标准动作,确保锻炼效果。这就像学生身边有一位专业的私人教练,能随时为他们提供正确的指导和建议,帮助他们在运动中取得更好的成效。

(二)慕课教学模式在高校体育教学中的未来发展

慕课作为一种起源于国外的教学模式,在我国尚处于起步阶段。鉴于国内外教育体系的差异,部分慕课内容需经过一定时间的调整与融合,以符合我国高校的教学理念和实际需求。

针对这一现状,我国许多高校开始自主录制慕课视频,结合本校特色与优势。在录制过程中,多个学校的教师可以共同参与、讨论,并选择其中优秀的视频进行上传,供学生们在线观看、下载和学习。由于每位教师的教学风格和方式各异,学生可以根据自身喜好和需求,选择最适合自己的教师进行学习。此外,这种方式有效避免了传统大课因人数过多而分散学生注意力的问题,使小班教学的优势得以体现。

同时,同一学科由多位教师录制慕课,不仅增强了教学资源的多样性,还促进了教师之间的比较与竞争。这有助于教师更加客观地审视自己的教学缺点,从而提高教学质量。

然而,由于慕课在高校体育教学中主要采取网上教学形式,缺乏传统的监督制度,因此对学生的自主学习能力提出了更高要求。在考核方面,教师可以组织学生进行网络学习后,再安排传统的考试形式进行评估。

尽管慕课在我国的应用尚处于发展阶段,但在现代网络技术的推动下,其应用前景十分广阔。将慕课引入高校体育教学,不仅能丰富教学手段,还能为教师教学提供新的启示。但在此过程中,我们仍需结合国内高校体育教学的实际情况,确保慕课教学的有效性和适应性。

第五节 新媒体视域下高校体育翻转课堂教学模式及应用

一、翻转课堂概述

(一)翻转课堂的概念

"翻转课堂"一词源自英文的"Inverted Classroom"或"Flipped Classroom",它代表了一种颠覆传统教学结构的教学模式。在这种模式下,课堂内外的时间得到了重新分配,学习的主导权不再完全掌握在教师手中,而是转移给了学生,让他们成为学习的主动参与者。

在翻转课堂的实践中,学生们能够在有限的课堂时间里更加专注于各种学习活动。与此同时,教师不再需要花费大量时间在课堂上进行知识的单向传授。而是在课后,学生需要自主完成这些知识的学习,他们可以选择听播客、观看视频讲座、阅读电子书等多种方式,甚至可以通过网络平台与其他同学进行讨论和交流,从而深化对知识的理解。这种学习方式不仅提高了学生的自主学习能力,也使他们更加积极地参与学习过程。

（二）翻转课堂的特点

1. 教学视频短小精悍

翻转课堂的教学视频以其短小精悍的特点而著称，通常每个视频仅有几分钟长，且内容高度聚焦，方便学生快速查找和检索所需知识。这种视频时长恰好符合学生注意力较为集中的时间段，与学生的身心发展特征相匹配。此外，网络发布的视频还具备回放、暂停等功能，使学生能够根据自己的学习进度和理解程度进行自主控制，从而确保自主学习的高效实现。

2. 重新构建学习流程

翻转课堂模式对传统的学习流程进行了创新性重构。在这一模式中，信息的传授环节被提前至课前，学生通过预习教学视频和参与在线互动来完成对基础知识的初步掌握。这样，学生在进入实体课堂前已经对课程内容有了一定的了解。

在课堂上，教师的角色转变为引导者，重点帮助学生深化对知识的理解和应用，通过组织师生互动和小组讨论等活动，促进学生对知识的深入消化和吸收。这种教学模式允许教师预先识别学生的学习难点，从而在课堂上提供更有针对性的指导。同时，学生间的交流讨论也有助于知识的共享和思维的激发，加速了知识的内化。

此外，翻转课堂模式还极大地便利了学生的复习和巩固过程。学生观看教学视频后，可以立即通过视频末尾的问题进行自我检测，及时检验学习效果。若对某些问题理解不够透彻，学生可以即时回看视频，重新学习相关内容。这种即时反馈机制有助于学生及时发现并纠正错误，加深理解。

教师可以利用云平台收集和分析学生答题数据，全面把握学生的学习进度和效果，从而进行更有针对性的教学设计和辅导。同时，教学视频的可重复观看特性，为学生提供了灵活的学习方式，使他们能够在自己的时间安排下,多次复习和巩固知识点,从而提升学习效果。

二、体育翻转课堂的实施策略

（一）加强健身在线虚拟教学平台

翻转课堂在其他学科的实践中取得了显著成效,因此,高校体育教学也应该及时借鉴其他学科的成功经验,结合体育教学的特点,积极利用在线虚拟教学平台,搭建体育健身和锻炼、技能掌握、增肌减脂等受学生广泛欢迎的体育教学内容。

对于师资力量雄厚的一些高校,还可以自主搭建线上教学平台,通过专门的人员运营,将在线平台发展为学生体育学习的一个重要渠道,并且通过和线下体育课的有机结合,发挥出翻转课堂的特有教学优势。对于学生而言,他们可以方便地下载学习材料或进行在线学习,并且能够与体育教师进行实时交流与沟通,确保学习过程中的问题能够及时解决。

（二）注重评价机制的创新

翻转课堂模式下的高校体育教学评价应以"以评促学"和"以评促教"为核心目标,主要关注学生的学习进步程度,并强调多元化评价的运用。

这种多元化评价应体现在评价主体、评价内容、评价方法、评价阶段等多个方面。评价主体应涵盖教师、学生以及可能的第三方观察者,以获取更全面、多角度的评价数据。评价内容除了基础知识和技能的掌握外,还应包括学生的学习态度、参与度、协作能力等非学术性表现。评价方法应灵活多样,包括在线测试、项目作业、口头报告、同伴互评等多种方式,以更全面地评估学生的学习效果。评价阶段则应贯穿于整个学习过程,包括课前预习、课堂互动、课后复习等多个阶段,以确保对学生学习情况的全面跟踪和评估。

最终,这种多元化评价应紧紧围绕促进学生的学和促进教师的教两个方面展开,以提高教学实效为最终评价主旨。通过这样的评价体系,我们能够更准确地了解学生的学习情况,为教师提供有针对性的教学反馈,进而不断优化翻转课堂的实施效果。

(三)注重提高体育教师的综合素养

在教育教学的改革浪潮中,教师始终扮演着决定改革成败的核心角色。作为信息化时代的产物,翻转课堂不仅是前沿的教学理念,更是创新的教学方法,它对体育教师的综合素养提出了高标准要求。体育教师不仅是在线虚拟教学平台的构建者、设计者和使用者,还是教学视频等学习资源的开发者与发布者;他们既是学生学习与实践的引导者、组织者,又是学生学习成果评价的设计者与评判者;同时,他们还需监控学生的在线学习情况,督促学习进度,并不断完善教学设计。

在当前高校体育教学改革深入发展的关键时刻,随着广大体育教师积极投身于这场改革之中,我们更应审慎地审视翻转课堂教学模式的优点与局限,尤其要警惕过度追求形式而忽视翻转课堂本质的情况发生。只有这样,我们才能确保翻转课堂在高校体育教学中的有效实施,真正提升教学质量。

三、翻转课堂在高校体育教学中的应用

(一)高校体育教学中翻转课堂的价值

当前,翻转课堂在我国教育领域的兴起已是不容忽视的现象,然而,对于其内在价值的深入探讨,在理论层面上尚未获得足够关注。为了进一步推广并优化翻转课堂的应用,我们有必要深入探讨其在高校体育教学中的核心价值。下面,我们将就此进行一番阐述。

1. 翻转课堂推动高校体育教学与信息技术的深度融合

随着信息化社会的飞速发展,学生的学习方式和生活习惯已发生显著变化。手机、电脑等信息化平台成为他们日常学习交流的主要工具。为了适应这一变化,教学信息化已成为必然趋势。

翻转课堂,作为信息化教学的杰出代表,成功地将高校体育教学与信息技术深度融合。它不仅高度契合了学生的日常习惯,还彻底改变了传统课堂呆板的模式,使学习变得更为自然、有趣。

总之,翻转课堂对提高高校体育教学的实效性具有积极且显著的影响。

2. 翻转课堂实现高校体育教学要素的优化动态组合

从高校体育教学要素的角度来看,翻转课堂与传统教学模式在形式上的差异可能并不显著。然而,翻转课堂的核心在于通过科学合理地重构高校体育教学要素,以达到提升教学效能的目的。正是基于这种教学模式能够精准定位高校体育教学要素的各种功能,并成功转换体育教师与学生的主体性地位,拓展体育课程资源,合理调整教学目的、教学方法手段和反馈机制,为学生创造良好的体育学习环境,因此,翻转课堂被视为一种革命性的高校体育教学创新方式。

3. 翻转课堂助力高校体育教学实现素质教育目标

素质教育的核心在于全面提升受教育者的综合素质,这既要求学生全面发展,又强调对学生个性的精心培养。个性的完善不仅是素质教育的价值所在,也是其追求的目标。在全面培养个性、促进人的全面发展过程中,素质教育展现了其深刻的内涵。

翻转课堂的引入,为高校体育教学注入了新的活力。在这一教学模式下,学生的学习目标虽然统一,但体育教师能够根据每个学生的实际情况,制定个性化的学习目标。

(二)翻转课堂教学模式在高校体育教学中的发展趋势

一般来讲,高校体育教学模式主要包含了多种要素,即高校体育教学理论依据、高校体育教学原则、高校体育教学程序与学习程序、教学资源与实现条件,以及高校体育教学效果评价,等等。将翻转课堂教学方法引入高校体育教学的全新教学模式已成为未来体育教学的必然趋势,在具体的实施过程中,须考虑以下几个方面内容。

1. 注重高校体育教学的理念与翻转课堂的有机结合

翻转课堂在高校体育教学中的应用，其思想基础主要源于"先学后教"的教育理念。这一模式强调学生在教学活动中的参与度和主体性，旨在通过学生的自主学习和教师的后续指导，实现教学效果的最大化。

结合高校体育教学的特点与行为心理学原理，我们确定了高校体育教学的程序，即"视频学习—联系、吸收与理解—视频回顾—互动反馈—强化实践—学习、掌握"。在这一循环、反复的教学过程中，学生通过观看教学视频进行自主学习，随后在教师的指导下进行实践，并通过互动反馈不断加深对知识的理解和技能的掌握。

同时，我们注重根据学习过程和教学实际效果，以及学习主体对体育"教"与"学"活动的反馈，不断对教学程序进行完善和创新。通过持续的优化和改进，我们旨在促进预期的高校体育教学目标和学习目标的实现，为学生的全面发展提供有力的支持。

2. 高校体育教学的目标与原则

引入翻转课堂模式的高校体育教学新模式应遵循以下原则。

第一，教师应充分考虑学生的认知水平和心理发展特征，对体育教学内容进行精心加工和整理，确保教学设计通俗易懂，与学生已掌握的知识结构紧密相连。在选择教学视频时，应注重其质量和适用性，以符合高校体育教学的实际需求。

第二，高校体育教学应构建一个宽松、民主、轻松的交互式学习社区或网络教学平台，以促进师生之间的有效互动和信息交流。教师应及时关注学生的学习反馈，能够迅速发现问题并予以解决，确保教学的顺利进行。

第三，在把握总体学习情况的基础上，教师应充分重视个体学习发展的过程，发挥学生在体育教学过程与学习过程中的主体性作用。鼓励学生自主发展，自主分析和解决问题，同时深化和拓展对自我认识、能力与技能的理解与掌握。

3. 高校体育教学程序与学习程序的融合设计

在引入翻转课堂教学方法的高校体育教学新模式中,优质的交互学习社区和视频资源是其核心基础。基于这一基础,我们可以将高校体育教学程序与学习程序进行如下融合设计。

（1）预习阶段

学生首先预习高校体育教学内容,对即将学习的知识和技能有个初步了解。

（2）视频学习

学生有针对性地观看与体育教学内容紧密相关的教学视频,通过观看示范和讲解,对知识点和技能操作有更深的认识。

（3）问题发现

在学习过程中,学生需要自主发现和思考问题,通过问题驱动的方式激发学习动机。

（4）课堂教学

在课堂上,教师讲授新课内容,解答学生预习和观看视频时产生的疑惑,并再次进行示范,确保学生掌握正确的动作和技能。

（5）自主练习

学生根据所学知识和技能,自主进行练习和实践,通过实际操作巩固学习效果。

（6）效果反馈

练习后,学生和教师共同对体育学习效果进行反馈和评价,让学生明确自己的优点和不足。

（7）资源拓展

教师提供额外的拓展资源,帮助学生完善知识和技能结构,同时鼓励学生通过反复练习和实践,加深对知识的理解,提升训练效果。

4. 高校体育教学的实现条件与教学资源建设

近年来,慕课教学平台的迅猛发展和互联网的广泛普及,为翻转课堂在高校体育教学中的应用,提供了有力的技术支撑和丰富的实现条件。然而,面对当前高校体育教学资源相对匮乏的现状,尤其是高质量的教学视频和学习资料的不足,我国体育教师应积极行动,从体育课程与教学内容的实际需求出发,自主制作与设计高校体育教学资源。

在资源建设方面,应重点关注理论教学内容与动作讲解、演示的视频资源。理论教学内容应深入浅出,有助于学生全面理解体育学科的知识体系;而动作讲解和演示的视频则应清晰准确,能够直观展示动作要点,便于学生模仿和学习。这样的教学资源设计旨在确保体育练习活动的可理解性和课余训练活动的实践性,为学生提供更加全面、有效的学习支持。

同时,体育教师在利用这些教学资源组织教学时,还应积极营造互动交流的学习氛围。通过在线教学平台或交互社区,教师应及时解答学生的疑惑,鼓励学生之间展开讨论,为学生提供个性化的学习指导和支持。这样的教学方式不仅能够激发学生的学习兴趣,还能促进师生之间的有效互动,提升教学质量和学习效果。

5. 高校体育教学效果与评价体系

在高校体育教学领域,建立和完善教学效果与评价体系是提升教学质量的关键。

(1)翻转课堂的教学模式

通过引入翻转课堂教学法,高校体育教学成功地激发了学生的体育学习热情,并培养了他们自主学习、探索、分析和解决问题的能力。这种模式不仅促进了学生技术技能的提升,还有助于学生自主学习能力、社会适应能力和团队合作精神的全面发展。

(2)教学过程中的交流与反馈

体育教师应通过积极的互动和多样化的教学活动,实时跟踪学生的学习进展,并及时收集反馈信息。基于这些信息,教师应做出恰当的引导,激发学生的学习动力,确保教学活动既个性化又具有针对性。翻转课堂模式尤其适合小班教学环境,以保证每位学生能够得到足够的关注和指导。

(3)学习效果的评价

在评价学生学习成效时,应考虑体育课程的独特性,不能仅依赖于考试成绩。评价体系应体现"健康第一"的教育理念,将健康标准融入体育考核的各个环节,减少对技能考核的过分重视。同时,需要改进评价标准,防止学生因考试压力而产生消极的学习态度。

(4)引导学生认识体育教学的价值

教师应积极引导学生认识到体育教学的重要性,鼓励他们养成良好的体育锻炼习惯,从而提升学生的体育素养。

(5)建立全面的评价体系

在构建评价体系时,应以高校体育教学的目标为导向,开发出既人性化又科学的测试方法,全面而准确地评价学生的学习成果,以促进学生的全面发展。

第七章　课程思政视域下的高校体育课程思政育人模式及其应用

高校体育课程思政育人模式也是当前体育教学模式创新的一个重要部分，本章将从课程思政育人理念、高校体育课程思政建设探析、课程思政视域下高校体育教学模式的优化策略、基于项群理论的高校体育课程思政育人模式、多维度构建高校体育课程思政育人模式的思考，以及高校体育课程思政育人模式的实践应用几个方面进行研究。

第一节　课程思政育人理念

一、课程思政相关概念辨析

（一）课程思政

课程思政是一种全面融入各类课程中的综合教育理念，其核心在于构建全员参与、全程贯穿、全课程覆盖的育人格局，以确保思想政治理论课程与其他课程协同并进，共同发挥作用。这种教育理念将立德树人作为教育的根本任务，旨在通过潜移默化的方式，将思想政治教育的理论知识、价值理念以及精神追求等元素融入各门课程之中，从而对学生的思想意识、行为举止产生深远影响。通过课程思政的实践，我们期望能够培养出既有专业知识，又具备高尚品德和正确价值观的新时代人才。

第七章　课程思政视域下的高校体育课程思政育人模式及其应用

（二）体育课程思政

体育课程思政是在体育教学过程中,通过精心设计的教学策略,巧妙地将"思政"元素和德育资源整合进体育实践教学中。这种方法旨在使体育课堂和课外体育活动发挥政治导向作用,通过立德树人的途径,实现体育教学与德育的有机结合。

作为"课程思政"的一个关键组成部分,"体育课程思政"以体育课程为平台,推动课程思政理念的深入实施。在体育课程与课程思政的关系中,可以识别出以下两个主要层面。

（1）体育教学本身包含了丰富的思想政治教育元素和德育资源。体育教师和学生在参与体育实践活动时,这些活动已经融入了思政教育的目标和内容。通过体育实践,学生能够在运动中培养出良好的道德品质和行为习惯。

（2）体育教育和思想政治教育共同致力于促进个体的全面发展。两者相互支持,并与智育、美育等其他教育领域相结合,共同促进学生身心的和谐发展,实现体育与德育的和谐统一。这一目标的实现将为学生的未来发展打下坚实的基础。

二、课程思政的内涵

课程思政具有丰富的内涵,下面主要从课程思政的本质、理念、结构、思维以及方法五个方面解析课程思政的内涵,如图 7-1 所示。

（一）本质：立德树人

从本质上而言,课程思政是一种教育,教育的目标是立德树人。德育是育人的基础和前提,我国教育发展史上一直强调德育的重要性,主张育人、育才要有机统一,这是我国优良的教育传统。育人先育德,德育就是要进行思想政治教育,培养德才兼备的人才,为国家输送道德品质好、专业素养高的全面型人才。在思想政治教育中,要以德"立身""立学"和"施教",引导学生形成正确的世界观、人生观和价值观,树立科学的民族观、文化观、历史观,从而对民族传统文化进行传承,并不断创新。总之,通过思想政治教育,要培养德智体美劳全面发展的综合型人才,这才是社会发展所需的人才,是中华民族伟大复兴所需要的建设者和接班人。

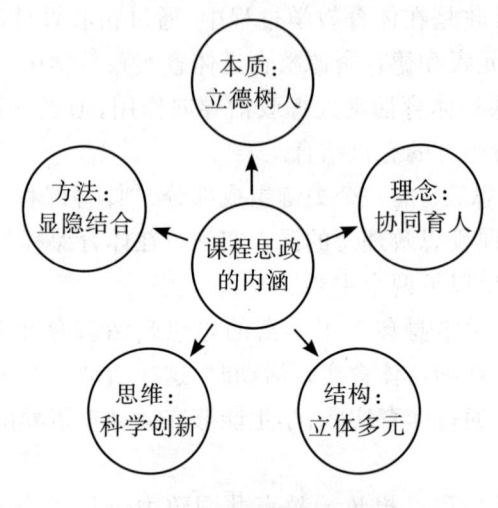

图 7-1 课程思政的内涵

(二)理念:协同育人

我国提出课程思政的育人观,主要就是倡导各学科专业课程的教学与思政教育并行,二者同向同行,共同培育全面发展的人才,这充分体现了课程思政的协同育人理念。协同育人是学校教育的重要使命,也是我国教育方针的具体体现。一所学校的教育水平如何,主要通过该学校培育人才、输送人才的数量和质量来衡量,而且所输送的人才能够成为国家的合格建设者和可靠接班人,能够为实现中国梦做出贡献。可见,学校教育是服务国家和民族的教育,高等教育尤其如此。高等教育直接为国家输送优秀人才,培养的人才对国家建设越有利,高校在教育界就越有话语权。

(三)结构:立体多元

课程思政是一种多元统一的教育理念,这里的多元包括传授知识、塑造价值和培养能力,将三者有机统一,便形成了结构上立体多元的课程思政。传统教育的结构以传授知识和培养能力为主,相对单一,课程思政的教育结构却是多元的,这是教育结构不断变化和日益完善的表现。在传统课程教学中,虽然也强调传授知识、培养能力以及塑造价值,但在课程实施过程中往往将三者割裂开来,不利于培养全面发展的人才。而课程思政实现了三者的统一,使课程教学回归育人本质。

课程思政要求教师在教学过程中尽可能从学生日常生活出发寻找具有实质性的介入方式,只有介入学生日常生活,才能真正了解他们的需求,了解他们遇到的问题与困惑,可以是学习中的问题,也可以是生活中的问题,在融入思政教育的课程教学中有针对性地帮助学生解决问题,使学生将所学知识、技能运用到生活中解决问题,并将在教学中塑造的价值运用于社会交往中,充分发挥学习收获的积极作用,这样学生才能够真正领会知识的力量,领会思想政治教育的价值。

(四)思维:科学创新

当前,我国正处于社会转型的关键时期,处于文化大繁荣、多元文化交织的时代,在这一时代背景下,创新思维和科学思维缺一不可。在新时代,培养大学生的思想政治素质非常重要,通过培养,要使大学生形成正确的立场,树立正确的观念,以科学的方法分析和解决问题,在学习中善于观察、思考,善于在实践中学习和领悟,对时代的发展方向要有正确的把握,对社会的主流和支流、现象和本质要能够正确辨析,要形成多元思维,包括系统思维、科学思维、历史思维和创新思维。

课程思政将科学思维展现得淋漓尽致,课程思政中体现的科学思维与唯心主义、机械唯物主义相对立,是一种用历史唯物主义和辩证唯物主义的方式看待事物的思维。当前,国际社会上出现众多社会意识形态,这些意识形态在社会不同领域风云变幻,多种社会思潮观念并存且交锋激烈,在这一背景下,我国教育界需要科学思维才能顶住压力,需要加强思政教育才能抵住侵蚀,可见将思政教育融入不同学科课程中非常必要。只有加强思政教育,树立科学思维,才能将牢固的思想防线建立起来,使学生面对各种错误思潮时能够自觉抵制。

课程思政不仅体现了科学思维,还体现了创新思维,强调将思政教育融入除思政理论课以外的其他学科课程中,如果像传统思政教育一样单靠思政理论课教育培养学生的思政素养,显得孤掌难鸣,力量比较单薄。而如果能够在思政理论课之外的其他课程中融入思政教育,在课程思政的实施中树立创新思维,谋求新的出路与发展,创造新的方法与空间,那么思政教育将得到创新发展,思政育人目标也将在更高层次实现。与此同时,在其他学科课程教学中融入思政教育也体现了学科课程的创新,对提高学科课程的实施效果和教学质量也具有重要创新意义。

(五)方法:显隐结合

在人才培养中,要先回答三个根本问题,一是培养什么样的人,二是怎样培养,三是为谁培养。只有明确了这三个问题的答案,才能在坚持社会主义办学方向的基础上明确人才培养方向,提高人才培养质量。人才培养是一个复杂的工程,其中涉及诸多培养体系,包括教材体系、教学体系、管理体系等,而无论是哪个体系,思想政治工作体系都始终贯通其中。可见,在人才培养的蓝图中,思想政治工作必不可少。课程思政的提出也恰好反映了这一点,在人才培养中践行课程思政,围绕思想政治教育对人才培养的目标、内容、模式、方法等进行改革,在各类培养人才的课程实施中,将政治认同、国家意识、文化自信等思政元素融入知识传授、技能培养中,将知识、技能的显性教育与思想政治隐性教育有机统一,能够培养全面型人才,促进学生全面发展。

三、课程思政的价值

课程思政标志着我国教学模式的重大创新,有效弥补了传统教学模式在思想政治教育方面的不足。在传统的教学体系中,各学科教学与思政教育往往保持独立,这种分离状态曾在很长时间内阻碍了教育在"传授知识"和"培养人才"两方面功能的充分发挥。课程思政通过将思政教育内容有机融入专业课程教学,不仅拓宽了专业课的内涵,也利用专业课堂实现了思政教育的目标,真正实现了教育的双重使命。

此外,课程思政作为一种创新教学模式,其成功实践为我国教学模式的改革提供了新思路,有助于推动教学模式向更科学、更高效的方向发展。

课程思政在体育课程建设中的应用价值主要体现在以下三个层面。

(1)学校层面:课程思政的实施有助于学校构建全面育人的教育环

第七章　课程思政视域下的高校体育课程思政育人模式及其应用

境,将思想政治教育融入学校文化和日常教学之中,形成全员、全方位、全过程的育人格局。

(2)教师层面:对教师而言,课程思政要求教师不仅要精通专业知识,还需具备将思政教育与专业教学相结合的能力,促进教师专业发展,提升教学质量。

(3)课程层面:在课程设计上,课程思政推动了体育课程内容的创新,将社会主义核心价值观和道德教育融入体育教学,使体育课程不仅是技能训练的平台,也是价值观念和理想信念教育的载体。

(一)学校层面的价值

作为青少年教育的核心场所,在社会快速变迁和多元文化思潮交织的当下,肩负着重要责任。这种时代背景为学校教育带来了前所未有的机遇与挑战,而如何应对则取决于学校的决策和行动。课程思政的引入,为学校在思想教育领域提供了明确的方向,它在最高层次上实现了道德教育与知识传授的有机结合,确保了学校在多元思潮的冲击下,依然能够坚守其培养人才的根本任务。

课程思政的实施,不仅丰富了学校教育的内涵,也为学校应对社会文化多样性提供了策略。它强调在传授学科知识的同时,融入思想政治教育,培养学生的道德观念和社会责任感。这种教育模式的推广,有助于学校在保持开放性的同时,引导学生形成正确的价值观,促进其全面发展。通过顶层设计,课程思政强化了教育的育人功能,使学校在快速变化的社会中,继续发挥塑造未来社会建设者和接班人的关键作用。

(二)教师层面的价值

从教师的角度来看,课程思政对其提出了"三真"原则——真诚学习、真诚实践、真诚信仰。"真诚学习"要求教师不仅限于深入掌握专业知识,还应拓宽跨学科视野,增强对社会发展的关注,以促进自身的全面成长。"真诚实践"强调教师应本着"以学生为中心"的教学理念,致力于提升教学质量,探索有效的课程思政教学策略,不断创新,将思政教育自然融入专业课程之中,对学生产生积极的、潜移默化的影响。"真诚信仰"则要求教师自身应具备崇高的思想道德标准,严于律己,以身作则,通过自己的言行来教育和影响学生。

"三真"原则对教师在知识学习、教学实践和道德信仰三个方面提出了高标准要求,对于提高体育教师团队的专业素养和教育能力具有极其重要的意义。通过这一原则的实施,教师不仅能够提升自身的教学技能,还能够在思想道德层面为学生树立榜样,从而更好地完成"立德树人"的教育任务。

(三)课程层面的价值

从课程设计的角度分析,课程思政的实施并非简单地将专业课程与思政课程相叠加,而是一个深入整合的过程。这一过程涉及两个主要方面:一是根据专业课程的内在特性,挖掘和利用其中蕴含的思政教育资源;二是将思政课程的元素与专业课内容进行有机结合,以符合专业课程的教学目标和要求。这样的整合旨在实现思政教育在课程教学中的全面渗透,使学生在掌握专业知识的同时,也能接受思想道德教育的熏陶。

课程思政的实践不仅促进了智育与德育的有机结合,还推动了不同学科领域的交叉融合,为教育模式的创新提供了新的思路。特别是在体育课程中融入课程思政的理念,不仅能够提升学生在体育领域的知识和技能,还能加强其道德素养的培养,从而使课程内容更加全面,课程的教育价值更加显著。通过这种教育模式的创新,可以更有效地促进学生的全面发展,培养出既有专业技能又有良好道德修养的人才。

第二节 高校体育课程思政建设探析

一、高校体育课程建设的理论依据

(一)马克思主义人的全面发展理论

要办好教育,就不能只是一味传授知识和技能,否则就不能称得上

第七章　课程思政视域下的高校体育课程思政育人模式及其应用

是优质的教育,好的教育除了要做好传授知识和技能的基本工作外,还要关注学生的健康状况,培养学生的道德品质和意志品质,提升学生的综合素养,促进学生全面发展。这是新时代我国人才培养中强调的重点,是构建全面发展型人才培养体系必须解决的课题。高校进行体育课程思政建设,着手体育课程思政教学设计,必须着眼于马克思主义人的全面发展理论,从而为课程思政建设与教学设计提供科学的理论依据。

马克思认为,教育应该是自由的,是能够促进受教育者全面发展的,如果依旧在传统分工体制下进行体力和脑力相分离的教育,那么就无法培养出真正的人才。从这一点来看,马克思的思想观念是,教书育人必须是对全面发展的人才进行培育,在人才培养中体育、智育、生产劳动教育必须是紧密结合的,不能分割。在教育上,马克思主张,为增强学生体质,磨炼学生意志,要加强身体训练教育,发挥体育的作用。体育和智育同等重要,而且技术培训、技能教育也很重要。将这三种教育结合起来,才能促进人全面而自由地发展。这一理念值得我们在体育课程思政设计中借鉴和参考。[1]

当代我国的教育方针是"培养德智体美劳全面发展的社会主义建设者和接班人",这是马克思主义关于人的全面发展理论经过长期实践检验的新成果。当前,我国政府高度重视教育事业的发展,并强调教育工作要让人民满意,要加强素质教育,实施公平教育,为中国特色社会主义建设培养全面发展的建设者。新时代、新形势对教育提出了新的要求,高校要认真思考培养什么样的人才,要构建全面育人体系,也就是培养德智体美劳全面发展的人才教育体系,要在文化知识教育、思想政治教育中贯彻立德树人的教育理念。这是中国特色社会主义制度下对高等教育的新要求,也为高等教育制定人才培养目标提供了方向。

立德树人是非常重要的育人准则,优质的教育必须贯彻这一准则,"人无德不立,育人的根本在于立德""高校立身之本在于立德树人"。立德树人要求高校加强思想政治教育、道德品质教育和社会主义核心价值观教育,对学生的良好品质进行培养,为国家输送自尊自立、自信自强的优秀人才。我国的教育方针经历了多次变革,但重视教育事业、遵循育人规律是始终不变的。在课程思政理念下加强高校体育课程改革,

---

[1] 陈晓雪."立德树人"视域下大学体育课程思政建设研究[D].湖南工业大学,2022.

实施体育课程思政建设,设计体育课程思政教学体系,能够促进高校人才培养质量的提升,使高校完成培育德智体美劳全面发展的社会主义建设者和接班人的重大使命。

(二)人本主义教学理论

传统教育的基本格局是以应试教育为中心,而人本主义教学理论的出现打破了这一格局,推动了教育的转型,更加关注素质教育,通过素质教育促进人的全面发展。

从哲学视角而言,人本主义教学理论认为知识教育应该放在生命教育之后,应该以人本身的存在为第一位,育人是教育的实质,所以人应该成为教育的中心,围绕人来进行教育,从而培养人的个性、塑造人的才能、提高人的社会适应能力,使教育对象真正成为社会中的人。

从心理学视角而言,人本主义教学理论指出,教育要关注人的全面发展,在具体教学中要将思想教育、知识与技能教育、情感教育、价值观教育等结合起来,如果只是进行知识与技能教育,学生只有学习知识和运用技能的能力,那么不能算是全面发展的人,而在进行知识与技能教育的同时配合价值观教育、健康教育、道德教育、人格教育等各方面,才能培养全面发展的人。

人本主义教学理论在教学目标上强调自由而全面地发展,强调自我价值的实现。马斯洛的需求层次理论指出,自我价值的实现属于最高层次的需求,可见人本主义教学理论中关于实现自我价值的教学目标并不是容易达成的,要先使学生最基本的需求得到满足,比如生理需求、安全需求,然后逐步向实现归属需求、尊重需求过渡,各层次的需求一步步得到满足后,最后也将满足自我价值实现的需求。

自我价值的实现具体在教学活动中从多个方面体现出来,如成功激发潜能、塑造正确的价值观以及获得全面发展,具体包括德智体美劳各方面的均衡发展以及各方面能力的提升。在人本主义教学理论下,高校体育课程思政建设与教学设计要坚持以人为本的指导思想,不仅要培养学生健康的体质,激发学生的运动潜能和提升学生的运动能力,还要将情意教育潜移默化地融入体育教育中,从而引导学生形成正确的价值观,并磨炼学生的坚强意志,培育学生的集体主义精神,如此既能培养全面发展的社会主义建设者和接班人,也能继承人本主义教学理论,使

第七章　课程思政视域下的高校体育课程思政育人模式及其应用

该理论在实践应用中更加成熟与完善。

现阶段,以传授技术动作为主、对精神价值引领不重视的问题在我国高校体育教学中普遍存在,体育教师对"培养全面发展的人"这一育人目标缺乏深入理解,因此在体育课程思政设计中特别要以人本主义教学理论作为理论参考,强调精神价值引领的重要性,在以人为本的前提下通过体育思政教育培养全面发展的人。

二、高校体育课程思政建设的理念

（一）落实立德树人根本任务,育人与育才相统一

深入贯彻落实习近平总书记关于体育和学校体育工作的重要思想,以立德树人为根本任务,把思想政治教育贯穿体育专业人才培养体系,全面发挥体育课程思政教学育人铸魂的重要作用,通过体育理论教学与运动技能教学,引导学生树立正确的世界观、人生观和价值观,培养有理想信念、有使命担当、有专业追求的大学生。[①]

在体育课程教学中避免单纯的知识和技能传授,将常规教学与价值观、品格和能力培养有机结合起来,真正实现以树人为目标,以育才为使命,促进学生全面发展。

（二）构建协同育人体系

在现代高等教育中,体育课程思政建设是一项关键的教育任务,其目标是全面提升学生的思想道德素质,为社会培养符合时代需要的优秀人才。

1. 普及性教育理念

体育课程的思政教育具有普及性,是随着体育教学的递进,不断对学生进行思想政治教育的一种有效途径,确保每一个学生都得到体育思

---

① 黄城昊.湖南省大学公共体育课程思政建设研究[D].湖南工业大学,2022.

政教育的机会,发展出良好的思想道德水平。

2. 显性与隐性教育并重

在体育课程思政建设中,要平衡显性教育和隐性教育。显性教育集中于传授体育知识和技能,而隐性教育则侧重于培养学生的精神风貌、道德品格和价值观念。

3. 理论与实践的结合

通过将体育理论知识与实践体验相结合,增强体育课程思政教学的系统性和连贯性。同时,应整合体育课堂教学、课外体育活动和校外体育活动,形成一个多维度的体育课程思政教育体系,以提升其深度和广度。

(三)树立"健康第一"的理念,切实提高学生的健康素养

将"健康第一"的理念贯穿于高校体育课程教育教学全过程,把全面提升学生健康素养纳入体育课程思政教学体系,聚焦以健康观念、健康知识、健康技能、健康管理能力等为主要内涵的学生健康素养,促使学生养成健康文明的生活方式,培育学生积极向上、意志坚强、团结合作、坚持不懈的优良品质。①

三、高校体育课程思政建设的基本原则

高校体育课程思政建设要贯彻五项基本原则,如图7-2所示。

---

① 陈晓雪."立德树人"视域下大学体育课程思政建设研究[D].湖南工业大学,2022.

第七章 课程思政视域下的高校体育课程思政育人模式及其应用

```
                    ┌─ 马克思主义指导原则
                    │
                    ├─ 社会主义核心价值观引导原则
                    │
高校体育课程思政 ────┼─ 问题导向性原则
建设原则            │
                    ├─ 可操作性原则
                    │
                    └─ 继承借鉴与改革创新相结合原则
```

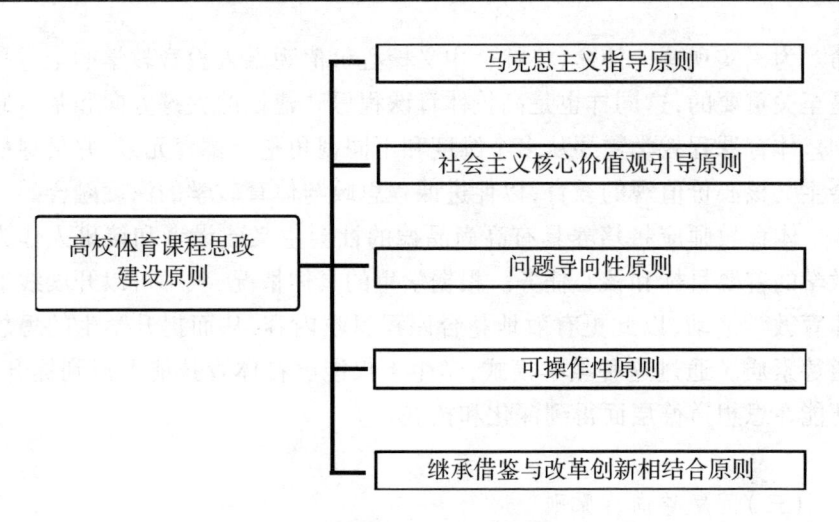

图7-2 高校体育课程思政建设基本原则

（一）马克思主义指导原则

马克思主义是立党立国的根本指导思想，高校办学要坚持社会主义方向，将马克思主义作为根本指导思想。作为对社会发展主流思想进行传播的主阵地，高校的教育工作涉及众多学科和专业，无论是哪个专业或哪个学科的教学，马克思主义都是最根本的指导思想。同样，高校体育课程思政建设也要以马克思主义为指导，严格贯彻这一原则，从而保证在符合社会主义发展要求的前提下开展体育课程思政教学，保证高校体育课程思政教学不会偏离社会主义发展的方向。只有坚持以马克思主义为指导，坚持正确政治导向，社会主义核心价值观才能通过体育课程思政教学真正得以彰显。

高校体育课程思政建设坚持以马克思主义为指导的原则，要求在体育课程思政教学中融入意识形态教育，始终坚持并不断巩固马克思主义在高校意识形态教育中的指导地位。此外，还要在体育课程思政教学的相关环节中恰到好处地融入社会主义核心价值观，实现价值引领的作用。

（二）社会主义核心价值观引导原则

在现代高等教育体系中，"立德树人"已经被确立为教育的根本使命。为了实现这一使命,将社会主义核心价值观融入教育教学的全过程是至关重要的,这同样也是高校体育课程思政建设的关键方向和基本原则。体育课程教学需要从多个维度和不同视角整合德育元素,并贯穿社会主义核心价值观的教育,以促进课程思政与体育教学的深度融合。

体育教师应将培养具有高尚品德的社会主义建设者和接班人作为教学的首要目标和核心任务。根据学生的具体情况,教师可以开展线上体育教学活动,以此更有效地整合课程思政内容,从而提升学生的思想道德素质。通过这种教学模式,学生不仅能够在体育技能上得到提升,还能在思想道德层面得到深化和拓展。

(三)问题导向性原则

高校体育课程思政建设与教学设计还要贯彻问题导向原则,将强化问题意识、坚持问题导向作为教学活动的逻辑起点。具体而言,在体育课程思政建设中贯彻该原则要做到以下几点要求。

1. 发现问题、正视问题

一些高校虽然开设了体育课程,但也只是为了完成上级部门布置的教学大纲与任务,只注重最后的考试成绩,对体育课堂教学没有精心设计,只是在课堂上一味强调多练习,对体育的内在价值和深刻内涵缺乏真正理解。此外,在教学内容上,以体育基础知识和运动技能为主,强调掌握基本理论知识后要不断练习运动技能,强调动作要标准、速度要快,但对传承体育精神、实施体育价值引领却不够重视。纯粹的理论教学内容或运动技能教学内容不够生动,缺乏趣味性,感召力也不强,不易引起学生的兴趣,也难以使体育课程的思政育人优势得到发挥。在高校体育课程思政建设中要及时发现这些问题,并认真对待问题,将解决实际问题作为体育课程思政建设的重要突破口。

2. 研究问题、解决问题

在发现问题、正视问题后,具体要在高校体育课程思政建设中解决好以下问题。

第七章　课程思政视域下的高校体育课程思政育人模式及其应用

（1）拓展体育课程教学内容

将体育课堂作为主要教学平台，立足学生实际需求，在体育课程思政教学中既要增强学生体质，又要引导学生坚定理想的信念，形成积极向上的健康生活方式，走出虚拟的网络世界，多学习、多运动。在体育教学中既要传授基础知识，教授运动技能，又要普及与传播体育文化，在体育课堂教学中融入中国梦教育、社会主义核心价值观教育，发挥体育课堂的优越性，实现全面育人的目标。

（2）挖掘体育的教育功能

体育课程最主要的功能是能够增强学生体质，提高学生的运动技能水平。但体育课程的功能非常多元化，不限于此。除了这些基本功能外，还具有重要的思政教育功能、德育功能、智育功能、美育功能。充分挖掘体育的教育功能，将体育精神培育、思想政治素质教育、人格培育、道德素质培育等融入体育课堂教学中，有助于促进大学生全面发展，使大学生深入理解体育精神，并在长期的运动实践中形成积极拼搏、团结向上、坚持不懈、爱国爱集体等美好品质，这将为体育课程思政的进一步发展带来新的曙光。

（3）提升体育教师的综合素质

高校体育课程思政的建设水平、体育课程思政教学的实际效果等都直接受到体育教师自身综合素质的影响。作为体育课程思政的建设者与组织者，体育教师要自觉学习习近平新时代中国特色社会主义思想，不断提升自己的思想政治素养和道德素养，并将这些收获内化为教学能力，从而在体育课程思政设计中真正秉持以人为本的原则，以学生为中心，引导学生树立正确的人生观、世界观和价值观，最终完成立德树人的任务。

（四）可操作性原则

在高校体育课程思政建设中要进行课程思政教学的科学设计，实施好课程思政教学，为课程思政教学提供思路和方法。为了充分发挥课程思政设计的功能，需要在课程思政设计中遵循可操作性原则，确保所设计的课程目标经过努力可以实现，设计的教学内容能够满足学生的需求，设计的教学方法有助于实现教学目标，设计的教学评价方式能够客观反映体育课程思政实施的效果。

在高校体育课程思政建设中贯彻可操作性原则，要求体育教师将思政教育元素充分融入体育课堂中，将知识技能传授与价值引领充分结合起来，从而更好地发挥体育课程本身的思政教育优势和德育功能。此外，体育教师设计的体育课程思政教学目标、教学内容、教学方法等要便于学生理解和掌握，并要得到学生的认可，这样便于体育教师进一步开展融入思政教育的体育教学工作。

具体而言，在体育课程思政建设中贯彻可操作性原则需要注意以下两点要求。

第一，体育教师要立足高校体育教学实际、思政教育实际进行体育课程思政建设，基于对学生实际需求、社会发展需求等因素的综合考虑，完成体育课程思政目标、内容、方法以及组织形式等要素的设计。

第二，为了增加体育课程思政实施的便捷性，要结合体育课程的特点、思政教育的特点加强二者的融会贯通，既要防止按思政课的模式上体育课，又要将体育课程中蕴含的丰富的思政教育元素融于体育课程内容的实施中，在具体教学过程中循循善诱，促进学生情感的升华和科学价值观的建立，在潜移默化中实现体育课程的情感、态度与价值观目标。

（五）继承借鉴与改革创新相结合原则

高校体育课程思政建设也要贯彻继承借鉴与改革创新相结合的原则，继承体育课程的传统思政特色和优势，总结和提炼体育课程思政元素，同时要与时俱进，用发展的眼光对新时代下体育课程思政教学的新内容、新方式进行设计，健全和完善高校体育课程思政体系，培养能够担当民族复兴大任的时代新人。

四、高校体育课程思政建设的可持续路径

高校进行体育课程思政建设，并不是简单地将思政教育内容机械性地融入体育课程教学中，而是要从体育教学的特点和需要出发，在体育知识传授和技能培养的过程中对学生进行思政教育，其中必然离不开对体育学科中自身思政元素的挖掘，力求充分发挥体育课程的思政育人价值，实现综合教学目标。鉴于当前我国高校体育课程思政建设现状不理想的情况,下面针对其中一些问题提出改革建议。

(一)校领导要提高对体育课程思政的重视

高校体育课程思政建设的实施需要校领导及有关行政部门的大力支持和协调,以形成体育课程思政工作的整体领导机制,以合理的工作机制推进体育课程思政建设进度。学校领导还应该客观评估体育课程思政建设质量,促使体育教师在具体的体育教育活动中渗透思政教育,形成求真严谨的思政教育风气,避免形式主义。

此外,为了提升体育课程思政建设水准,学校有关部门也要"精准反馈",及时调整与完善体育课程思政建设中的不合理环节,切实保证体育课程思政建设的正常进行和最终质量。

(二)深入挖掘体育课程中的思政元素

要促进高校体育课程思政建设,必须对当前的体育课程建设模式进行优化,对体育课程中的思政元素进行充分且深入的挖掘,以高校优秀的师资为依托,与高校思政相关课程的授课教师探讨如何将思政教育融入体育课程建设中。利用体育课程本身的思政元素和德育功能培养大学生的世界观、人生观和价值观,优化体育课程与思政教育融合的教学大纲,切实促进体育知识技能教育与德育、价值引领的统一,将立德树人融入体育知识传授与技能培养中,知识技能教育和思想政治教育并重,以全方位、立体化培养全面发展的人才。

(三)立足学生,全面参与

立德树人是课程思政建设的主要目标,具体就是要促进学生思想道德水平的提升和实现全方位协调发展。不同学生因为成长环境、个性特征等的不同,他们的思想意识是有差异的,对价值认同、道德评价标准也有着不同的认识与理解。为提高学生的思想意识水平,促进学生正确理解道德评价标准,以高标准严格要求自己的道德行为规范,树立正确的价值观,应在高校体育课程教学中融入课程思政理念,具体要做到如下两点要求。

第一,立足实际培养大学生的体育专业素养,首先培养大学生对体育运动的兴趣,普及体育基础理论知识,使大学生进一步了解体育运动,然后通过深入教学,促进大学生体育认知水平、文化基础水平和技能水平的提升。

第二,举办丰富多彩的体育文化活动,将体育文化内涵渗透其中,培养大学生的体育精神,并使其深入了解体育文化内涵与思政教育的融合点,对体育课程中的思想政治元素主动进行探索,自觉在体育知识与技能的学习中接受思政教育,增强思想政治意识。

(四)丰富与完善体育课程思政教学内容

在高校体育课程思政建设中,不断挖掘体育课程思政的内容资源,健全与完善体育课程思政内容体系也是至关重要的。在体育课程教学中融入思政教育,主要是在理论课中进行相关安排与设计。例如,在向学生普及与讲解某个运动项目的竞赛规则时,培养与增强学生的规则意识、公平竞争意识。此外,在实践课上也能够贯穿思政教育,可以结合真实体育比赛案例,尤其是学生熟悉的优秀运动员案例,使学生体会不同体育项目中蕴含的体育精神和思想道德规范,以此启发学生向优秀运动员学习,自觉遵守规则和道德规范,学习运动员坚韧不拔、拼搏奋进的精神。也可以通过讲述某项运动的辉煌历史,如中国乒乓球的历史来培养与强化大学生的民族自豪感和爱国主义精神。

(五)改革教学方法,深入实施思政教育

传统体育课程教学方法以讲授法、示范法、练习法为主,教学方法相对单一,缺乏创新。陈旧、枯燥的教学方法使得一些学生对体育课提不起兴趣,没有学习的热情,课上不认真学练,课下也不主动巩固知识与技能,导致教学效果较差。事实上,传统僵化的体育教学模式已然不能适应现代社会对高校体育课程教学的要求了,只有从教学方法上寻求突破,加强改革,不断创新,才能改变体育教学的这一现状,使学生对体育课程产生浓厚的兴趣,积极参与体育运动。

体育课程教学方法的创新方式有很多,在课程思政理念下,结合思想政治教育的要求进行教学方法创新具有重要的现实意义。具体要求

第七章 课程思政视域下的高校体育课程思政育人模式及其应用

为,充分发挥体育课程的德育功能,采用开放式教学方法教育学生,将思政元素融入传统教学方法的实施中,综合运用多种方法和手段进行教学,使学生不仅掌握体育知识与技能,还能在潜移默化的思政教育中提升个人道德素养和综合素质。

为了在高校体育课程思政实施中达到更好的育人效果,体育教师可以根据教学实际设计翻转课堂教学方法,首先对体育运动中具有价值导向的要素加以整合,再运用任务驱动、问题讨论、文化比较等方法引导学生完成教学任务,鼓励学生以小组为单位合作学习,共同分析与解决问题,这有助于培养学生的合作意识和沟通能力,并能启发学生积极思考,主动探索,营造积极向上的学习氛围。在具体运用翻转课堂教学方式时,可参考图7-3所示的基本流程。

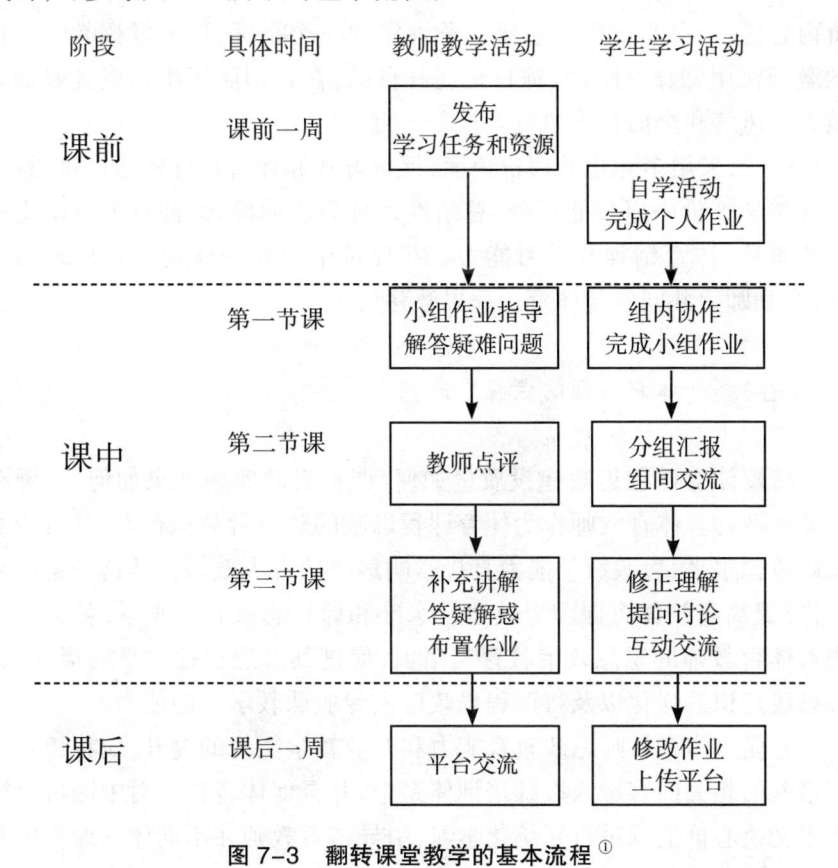

阶段	具体时间	教师教学活动	学生学习活动
课前	课前一周	发布学习任务和资源	自学活动 完成个人作业
课中	第一节课	小组作业指导 解答疑难问题	组内协作 完成小组作业
课中	第二节课	教师点评	分组汇报 组间交流
课中	第三节课	补充讲解 答疑解惑 布置作业	修正理解 提问讨论 互动交流
课后	课后一周	平台交流	修改作业 上传平台

图7-3 翻转课堂教学的基本流程[①]

---

① 王惠.大学体育翻转课堂模式构建[J].鄂州大学学报,2023,30(02):91-93.

（六）构建与完善体育课程思政教学评价机制

在高校体育课程思政建设中，为促进建设工作的顺利开展，需要在教学管理体制中融入课程思政相关评价。高校体育课程思政教学是一个完整的系统，既包括课程思政的教学目标、教学内容、教学方法，也包括最后的教学评价环节，这是评价体育课程思政育人效果的重要环节，在课程思政教学管理中要重视对育人评价机制的创建与完善。

具体而言，健全与完善体育课程思政教学评价机制要从以下两方面进行。

第一，在体育课程思政教学评价中，将体育教师的师德师风作为评价内容之一，并将此作为教师职称评定的一个指标，以此发挥教学评价的激励作用，鼓励体育教师自觉提升自己，在教师队伍中形成良好的思政教育风气和全面育人风气。

第二，采用多元化的评价角度、评价方式和评价指标实施评价，打破传统教学评价中以技能评价、总结性评价为主的模式，注重考查学生的道德素质、体育精神和学习能力。在评价中要充分体现课程思政的要求，激励师生共同参与体育课程思政建设。

（七）提升体育教师的课程思政能力

高校体育课程思政建设质量如何、课程思政实施效果如何，关键在于体育教师。体育教师作为体育课程思政的建设者与执行者，其自身的思政道德水平、思政教学能力直接影响最终的育人效果。从这一角度来看，要提高高校体育课程思政建设水准和课程思政育人水平，就必须加强对体育教师的思想政治教育与培训，促进其思想道德水平的提升、课程思政意识的强化以及将课程思政融入专业课教学中的能力。

为促进体育教师思政教育能力和专业教学能力的提升，应将德育意识培养的相关内容融入教师培训体系中，并督促体育教师对中国特色社会主义核心价值观进行系统化学习，引导体育教师在不同体育课程中发现与思政教育的结合点，并充分利用各类体育教学内容本身的思政元素、德育功能来教育学生、培养人才。高校可以组织体育相关的"思政课程"培训活动，鼓励体育教师积极参加培训，并与专业思政课的授课教师多交流、沟通,共同研讨将思政教育融入体育课程的方法,促进体育教师课程思政能力的提升和综合育人能力的强化。

第三节 课程思政视域下高校体育教学模式的优化策略

一、高校体育教学模式优化的必要性

(一)高校体育课程的思政教育优势

体育,作为一种源远流长的社会性活动,其起源可追溯至人类早期的生产劳作之中。它通过各种形式的身体练习,不仅提升身体素质,更承载着丰富的教育意义。在全国高校思政教育的大背景下,体育课程凭借其独特的优势,成为思政教育不可或缺的一环。

习近平总书记在全国高校思政教育大会上强调,要充分利用课堂教学这一主渠道,加强思想政治理论课的改进与提升,使教育更具亲和力和针对性,满足学生成长的需求和期待。同时,他鼓励其他各门课程与思政课程同向同行,形成协同效应。

高校体育课程正是这一理念的生动实践。通过体育教学,学生在身体锻炼和运动训练的过程中,不仅能够学习到体育知识和技能,更能在潜移默化中接受思政教育。体育课程以其生动性、直观性、开放性、趣味性、实践性和感染性等特点,为思政教育提供了得天独厚的条件。

在体育课程思政教育的建设中,教师发挥着至关重要的作用。他们应积极探索和挖掘体育课程中的"思政元素",将其融入日常教学中,构建完善的课程思政内容体系。这不仅是体育教学课程改革的重要方向,更是实现立德树人教育目标的关键所在。最终,体育课程的思政教育效果将通过学生的综合表现得到检验。

(二)高校体育课程的创新需求

高校体育课程的创新是一项复杂而系统的工程,既需要宏观的视野

和审慎的规划,也需要微观层面的细致分析和深入探究。高校应全面审视体育训练的目标、内容、方法、过程和管理,确保创新活动能够系统完善地覆盖各个环节,实现整体提升。

新是时代发展的必然要求,是推动高校体育训练持续发展的动力源泉。在坚守传统的基础上,高校应勇于突破和创新,紧跟国家发展步伐,走在时代前沿。这种创新不仅是对高校体育训练目标的完善,更是对训练内容和方法的整合与优化,旨在有效激发大学生参与体育训练的热情和积极性,形成学生与体育训练的良性互动。

"立德树人"作为教育发展的核心要求,高校体育课程必须与之紧密契合。通过加强体育课程的思政建设,不仅能够有效实现立德树人的目标,更是高校体育课程的时代性创新。为此,高校体育课程应积极构建具有温度和深度的体育课堂,通过增强"四个自信"来提升学生的综合素质,同时加强课程的感染力和吸引力,提高体育教学的教育性和时效性。这样,高校体育课程才能更好地满足学生成长的需求,为培养全面发展的新时代人才贡献力量。

二、高校体育教学模式的优化

(一)强化"三全育人"的教育新格局

"三全育人"理念强调全员参与、全过程覆盖、全方位渗透的育人模式。它深植于习近平新时代中国特色社会主义思想的土壤中,坚持党对高校的全面领导,紧紧围绕立德树人的根本任务,充分展现了中国特色社会主义教育的独特育人优势。

"三全育人"以坚定的理想信念为核心,以爱国主义为教育的基石,以社会主义核心价值观为精神引领,致力于全面提升人才培养的综合能力。它要求高校学科教师肩负起全员育人的职责,将思想政治教育融入学科教学的全过程,确保思想教育贯穿学生学业的始终。

在空间维度上,"三全育人"强调育人工作要覆盖学生全面发展的各个方面,不仅注重学术知识的传授,还关注学生品德修养、身心健康、社会实践等多方面的培养。通过构建这样的育人新格局,我们期望形成一个长期、稳定、有效的育人机制,为培养德智体美劳全面发展的社会主义建设者和接班人贡献力量。

(二)构建学校体育课程思政育人体系改革领导小组

为深入贯彻学校党委和主管校领导的指导思想,我们决定组建一个学校体育课程思政育人体系改革领导小组。该小组将在学校党委和主管校领导的领导下,全面统筹和协调学校各相关教学部门的工作。其中,体育教研室将作为主要的执行单位,负责组建并领导学校体育课程思政育人模式改革小组。通过这一改革领导小组的构建,我们期望能够推动学校体育课程的思政育人工作向更高层次发展,为培养具备优秀品德和全面素质的学生奠定坚实基础。

(三)制定学校体育课程思政育人模式建设方案

鉴于体育课程的基本属性,我们在构建体育课程思政育人模式时,需深入探究其思政内涵。在巩固学生理想信念的基础上,我们应以对党、对国、对社会主义的忠诚为导向,将政治认同、国家情感、文化素养、宪法法治意识、道德发展等关键因素融入体育课程的思政教育中。

我们的主要目标是实现中国特色社会主义和中国梦教育、社会主义核心价值观教育、法治教育、劳动教育、心理健康教育以及中华优秀传统文化教育与体育教育的有机结合。结合学校的育人模式,我们将修订教学大纲,精心编写体育课程思政教案,强化校园体育文化活动的思政内涵,提炼校内外体育竞赛的思政育人方式。

在此过程中,我们将融入体育精神与中国传统优秀精神,体现价值引领,构建一个多维度、有特色的体育课程思政育人体系。这一体系旨在通过体育教育,培养学生的爱国情怀、法治意识、道德品质以及身心健康,为培养全面发展的社会主义建设者和接班人贡献力量。

(四)融合校园体育文化,建立校园体育文化品牌

校园体育文化是由全校师生共同创造的,涵盖了通过体育精神和物质财富的有机结合所展现的多个方面。这包括在校园内进行的各类体育教学、比赛、业余运动等体育活动,以及校园体育设施等实体和非实

体的体育财富。这种群体文化主要由课余体育文化行为构成,以学校体育精神的积累为主要特色。

校园体育文化具有显著的育人成效,优秀的体育文化有助于培养学生形成职业精神、求进拼搏精神和团队合作意识。通过参与体育活动,能够培养学生大局观念、竞争观念、规则观念,并提升社交适应力和合作能力。学生参与体育赛事和体育锻炼的过程,不仅是遵循体育规则、与他人或团队竞争的过程,更是培养品格、磨炼意志、提升综合素质的重要途径。

因此,我们应积极融合校园体育文化,建立具有特色的校园体育文化品牌。通过举办丰富多彩的体育活动、建设完善的体育设施、弘扬体育精神,营造良好的校园体育文化氛围,为学生的全面发展提供有力支持。同时,这也将进一步提升学校的整体形象和品牌影响力。

(五)深度融合价值塑造与专业课程知识技能传授

推进体育课程思政建设,关键在于激发体育教师的积极性、主动性和创造性。为此,应鼓励体育教师系统学习思想政治理论,深刻理解其原理。通过学校、院系组织的体育课程思政沙龙、立德树人教学研讨、课程思政元素座谈等活动,提升教师的思想政治素养和教学能力。同时,推动教师间的资源共享,这不仅能解决问题,还能提高教师的备课和授课水平。这些措施将内化于体育教师的专业素养,外化于课堂教学,既提升了教师的政治素养,也解决了教学中的实际问题。

(六)科学挖掘体育课程中的思政元素

教师应根据学校的教学特点与目标,深入挖掘体育项目中蕴含的思政元素。通过查阅和总结这些运动项目所体现的独特精神和内在特点,引导学生将这些精神与个人品格相结合,并在今后的运动和学习中实践。同时,结合国家和世界的时事热点,如北京冬奥会、残奥会等,进行爱国主义教育,弘扬运动员的拼搏精神、艰苦奋斗和永不言败的品质,并将其转化为教学资源。

第七章 课程思政视域下的高校体育课程思政育人模式及其应用

（七）完善多维协同育人模式

体育课程思政建设是高校思想政治工作的重要组成部分。从管理、教学、学习三个维度出发，高校党委应肩负起体育课程思政的主体责任，明确方向，结合学校实际制定政策，确保思政建设的顺利推进。马克思主义学院与体育学院应共同负责理论学科知识的培养，加大体育课程思政的宣传力度，使思政教育理念深入体育教师心中，体现在教学实践中。同时，鼓励学生积极参与教学评价，组织教师互相听课，共同提高教学水平。

第四节 基于项群理论的高校体育课程思政育人模式

一、项群理论应用于高校体育课程思政的可行性

（一）项群理论用于高校体育课程思政的新思路

项群理论，其核心在于"聚类"分析，这一理念不仅体现了从抽象理论到具体实践的跨越，更是对"物以类聚"这一古老智慧的现代诠释。在实际应用中，项群理论以其独特的视角，将竞技体育项目按照其内在特性和训练要求进行分类，形成不同的项群。通过对同项群运动员的特质、技能需求以及训练手段进行集中分析，项群理论为运动员的系统化、专业化训练提供了科学、系统的指导。

项群理论的聚类分析方法具有广泛的适用性，它不仅涵盖了体能主导型项目，如田径、举重等，也包括了技能主导型项目，如篮球、足球等。这种方法有效避免了宏观训练理论的泛化和微观单项目训练理论的局限，同时减少了主观因素的影响，使得训练更加科学、系统。

在一般性训练与专项能力培养之间，项群理论找到了一个恰到好处的平衡点。它通过对同类运动项目的共有属性进行提炼和总结，为普通高校体育课程的思政育人模式提供了坚实的理论基础。在这一模式下，

体育不仅仅是一种身体锻炼的方式,更是一种培养品德、塑造人格的重要途径。

项群理论的聚类分析方法为高校体育课程中思政元素的挖掘提供了新的视角和工具。通过运用这一方法,我们可以根据体育课程的运动特性,系统地归纳和提炼不同项群的思政元素,如团队合作、公平竞争、坚持不懈等。这些思政元素与体育课程相结合,不仅丰富了教学内容,也增强了教育的针对性和实效性。

在体育教学实践中,高校体育教师扮演着多重角色,他们既是知识的传授者,也是学生品德的引导者。项群理论的应用要求体育教师具备"一专多能"的素质,即不仅要精通某一项群的运动技能和训练方法,还要具备深厚的思政教育理论素养和实践经验。

在教研活动中,以项群理论为指导,教师可以更系统地梳理和总结同项群体育课程的共性风格与特点,挖掘其中的思政元素,并将其融入教学过程中。这种教学方式不仅能够提高学生的运动技能,还能够培养学生的道德品质和社会责任感,实现"立德树人,寓德于体、德能并进"的教育宗旨。

因此,项群理论的聚类分析方法为高校体育课程融入思政教育提供了新的思路和方法。通过项群分类和提炼共有属性,我们能够更加清晰地把握不同体育项目在德育方面的共通规律,为高校体育课程思政教育的深入开展提供有力的支持。

(二)项群理论为普通高校体育课程思政提供方法指导

利用项群理论,我们能够更明确地辨识各类体育课程的独特性质,并准确掌握其教学的内在规律。在采用"聚类"手段分析体育课程思政教学活动时,我们能够获得更深层次和更全面的认识。

项群理论提供了一种中观层面的方法论,它以项群作为基本单元,对具有相似德育元素的体育课程项目进行概括和归纳,提炼出教学的共性规律。这种方法不仅超越了单一体育课程的思政教学局限,而且能够在更宏观的层面上,综合考虑多个乃至数十个具有相同德育价值的课程项群。与宽泛的课程思政理论相比,项群理论提供了一种更为细致和精确的视角,为体育课程的思政教学提供了一种更为科学和实用的指导方法。

第七章 课程思政视域下的高校体育课程思政育人模式及其应用

（三）同项群项目体育课程思政育人具有迁移性和同一性

在项群理论的指导下，具有相似性的运动项目体育课程之间表现出明显的教学规律共性，这些共性技术能够促进学生的"扩散性思维"。同时，这一规律在德育与体育教学的融合过程中也得到了体现。利用项群理论，我们可以将思政教育的理念有效地融入普通高校的公共体育课程教学之中。

通过将同项群体育课程的思政元素和教学方法进行"聚类"，我们能够充分发挥这些课程在思政教育方面的迁移效应。这种方法不仅能够提高体育教学的实效性，还有助于实现"立德树人，以体育德"的教育宗旨。在体育学习的过程中，学生不仅能够锻炼身体，增强体质，还能在潜移默化中提升自己的道德修养和精神境界。

二、项群理论视角下普通高校体育课程思政的构建原则

（一）坚持育人导向原则

在项群理论的指导下，普通高校体育课程的思政育人模式应坚持育人为本的导向，将塑造学生的优良品质作为核心目标。教育的终极目的是促进学生全面而均衡的发展，体育课程思政育人模式的构建，正是基于"健康第一"的理念，旨在促进学生身心健康和意志品质的塑造。这一模式不仅积极引导学生树立社会主义核心价值观，也是对学生优秀品质培养的有力促进。

体育课程思政育人模式作为实现教育目标的重要途径，其宗旨在于推动学生在德、智、体、美、劳等方面的全方位发展，培养他们成为优秀的社会主义建设者和接班人。通过明确这一原则，可以加强体育教师对体育课程思政重要性的认识，增强他们的思政教学意识，确保体育技能教学与思政教育的同步推进和协调发展。最终目标是实现体育教学与品德教育的有机结合，培育出既具备强健体魄又拥有高尚道德情操的杰出人才。

（二）坚持"聚类"原则

在项群理论的框架下，构建普通高校体育课程的思政育人模式需要遵循"聚类"原则，系统地总结和归纳具有相似性的项群体育课程在思政育人方面的规律。利用项群理论的聚类分析，我们可以精确识别出具有相同运动特点的体育课程，避免宏观训练理论的笼统性，并超越单个项目或单次课程在理论视角和教学情感上的局限性。

这种方法不仅能够在宏观层面上揭示特定项群体育课程的思政育人规律，还能对同一类项群体育课程共有的风格和特征进行系统梳理和总结。

采用项群作为基本单元来归纳体育课程的教学规律，使我们能够在更高层次上理解和掌握多个具有相同德育元素的课程项群。与宽泛的课程思政理论相比，这种方法更为细致和精确，为普通高校体育课程的思政育人模式提供了一种更为科学和实用的指导方法。

（三）坚持顶层设计原则

在项群理论的引领下，构建普通高校体育课程的思政育人模式，应遵循顶层设计的基本原则，并以党建工作为核心。为了将思政教育的理念和价值观念深入地融入体育教学，必须依托于党建工作的全面规划与科学指导，确保育人方向的准确性与育人体系的完整性。通过加强顶层设计，提升高校党委对体育课程中融入思政教育重要性的认识，同时增强党委在其中的领导责任。

高校党委领导层需深刻理解体育课程思政育人的重要性，这样才能更高效地整合和利用校内外的体育学科与思政教育资源。通过这种整合，可以更好地引导高校的思想政治教育工作，确保其沿着既定的正确方向持续发展和进步。只有当党委领导层充分认识到体育课程思政育人的必要性，才能够确保体育教学与思政教育的深度融合，实现体育课程在培养学生综合素质方面的重要作用。

第七章 课程思政视域下的高校体育课程思政育人模式及其应用

三、项群理论视角下高校体育课程思政教学方法及实施路径

(一)教学方法

通过对现有教学方法的"聚类"分析,我们为体能主导类项目选择的教学方法,更注重提升学生在体能锻炼中形成的优良品质,而对于技能主导类项目,则更侧重于通过教学方法提升学生的技能水平,同时培育与之相应的品质。这种教学方法的选择,紧密对应同项群项目课程的专业技术教学内容与思政目标。

在教学方法中,案例教学法尤为突出。它不仅能够有效提升学生的体育精神、国家荣誉感和体育强国意识,还能够显著增强学生的民族自豪感。此外,通过竞赛评比法,教师可以有效培养学生的责任意识、竞争意识、规则意识和团队合作意识,从而自然地将思政理念融入体育教学中。

(二)实施路径

普通高校体育课程思政的实施路径主要包括三个方面:课堂教学、课外体育竞赛和课外体育实践。在课堂教学中,教师从体育基本知识与体育基本动作入手,将"思政"元素融入日常教学之中。在课外体育竞赛中,通过组织校内外各类竞赛,让学生在比赛中体验体育精神,增强团队协作和竞争意识。而在课外体育锻炼中,则通过课间操和社团活动等形式,让学生在日常锻炼中感受到体育的乐趣和思政的力量。这三条路径相互补充,共同构成了普通高校体育课程思政教学的完整体系。

四、项群理论视角下高校体育课程思政育人模式结构框架

在项群理论的启发下,我们对普通高校体育课程中融入思想政治教育的整体内容结构进行了细致探讨。秉承"健康第一"的教育理念,我们以育人为核心,进行战略规划,并以党的建设为引领,设计了体育课程思政育人的框架结构。

首先,从项群理论的角度出发,审视了高校体育课程思政育人模式的独特优势。该模式不仅增强了体育课程与思政教育的一致性,丰富了单一运动项目的思政内涵,还有助于构建体育思政课程体系,并发挥团队协作的优势。其次,还探讨了将项群理论应用于高校体育课程思政的可行性,该理论为挖掘体育课程中的思政元素提供了新视角,并为思政教育的实施提供了方法论支持。特别是,同项群项目在体育课程思政育人方面展现出的迁移性和一致性,极大地提升了教学成效。

最终,提出了实施普通高校体育课程思政的具体途径,并构建了一个评价体系,以确保思政元素能够全面融入体育教学,并为评价思政育人成效提供了科学的评估工具。

第五节　多维度构建高校体育课程思政育人模式的思考

一、以"核心引领"作为体育课程思政教育顶层设计的新视角

以"立德树人"作为体育课程思政教育的根本任务,坚持以社会主义核心价值观为引领,始终将"为了每一个学生终身发展"的核心理念作为导向。在这一理念的指引下,我们以改革创新为驱动力,以学生为中心,致力于提升课程学习体验。

高校还应着力构建的是一个与各学科纵向衔接、横向融通的体育课程实施体系,确保课内外深度融合,以符合学生的认知规律和成长规律。我们注重学思结合、知行合一,将理论与实践相结合,让学生在体育课程中不仅能够锻炼身体,更能够提升思想道德素质和综合能力。

因此,促进学生全面发展、健康成长是学校体育工作的出发点和落脚点。因此,我们将继续深化体育课程思政教育改革,不断探索新的教育方法和手段,为学生的全面发展贡献我们的力量。

二、构建体育课程思政教育立体格局

（一）推行"自主式"体育教学育人模块

"自主式"体育教学突出"自主性"，鼓励学生课外自主锻炼。根据国家相关要求和学生身体素质的关键要素，制定过程评价与目标评价相结合的考核标准。以课外体育锻炼、社团活动及项目训练为抓手，将早操、课外活动、项目训练（相应运动项目）、社团活动等内容纳入成绩考核，形成课内外一体化的课程评价系统。在这种模式下，兴趣爱好相近的同学可以自主组织，共同参与体育活动，既保证了学习任务的完成，又不影响学校的正常教学秩序。

（二）构建"多元化"体育俱乐部教学育人模块

"多元化"体育俱乐部教学秉持"综合性"理念，学期初学生自主报名，按能力分为初、中、高级会员。俱乐部提供分级和菜单式教学，确保适宜的教学内容。对初级会员实施"套餐式"教学，教授基础技巧，旨在培养兴趣、提升技能，并增强团队协作和社会实践能力。

第六节　高校体育课程思政育人模式的实践应用

一、融入思政元素

在体育教学中融入思政元素是我国政府为适应新时代发展，对人才提出的新的培育要求，在这一思想的指导下，要求在体育教学中，有机融入对学生思想政治的教育，实现人才的价值观、世界观的培养。

体育教学本身就具有德育的部分，因此，加入思政元素并非全新的教育改革。但是在具体的实践中，还需要教师进行科学组织和设计，才能真正实现体育课程思政的效果。让学生在身体素质发展和运动技能

提升的基础上,不要松懈在思想政治方面的进步,从而有助于培养学生的道德品质和社会责任感。

二、优化课程设置

在高校体育课程中融入思政的元素,在当前高校教学中具有一定的普遍性,在具体的实践中,通过采取优化课程设置这一方式,能得到较好的效果。在原有的体育教学内容中,融入恰当的思政主题,让学生自然而然地培养出思政头脑,从而指导自己生活的方方面面。比如,在体育观摩课上,教师会播放我国优秀运动员在重大比赛上获得奖牌实现梦想的激动时刻。对于正在学习该运动项目的学生而言,此刻会对此情此景具有强烈的情感认同,而教师就可以利用这样的机会进行爱国主义教育,并引导学生将个人的成就与集体和国家的荣誉结合起来,引导学生建立远大的抱负。

在课堂实践环节,特别是进行比赛时,教师可以适时帮助学生要发挥坚毅的品质,遇到困难和强大的对手时,不应退缩和恐惧,而是集中自己的优势想办法战胜对手,即培养学生养成拼搏勇敢的优秀品质,并且在公平竞争的前提下实现自己的梦想和价值。

总之,通过优化课程的设置,增加思政的元素,能够使原来的体育课更具底蕴,能够带给学生多方面的思考和发展,进而提升学生的综合素质,帮助他们建立起积极向上的世界观、人生观和价值观,为成为具有社会责任感的公民打下坚实的基础。

三、改进教学方法

思政育人对教师的教学能力提出了更高的标准,也为体育教师的业务发展指出明确的方向。体育教师不仅要全面提升自身的思政水平,与此同时,还应尽快改进自己的教学方法。因为原有的教学主要以体育相关知识和技能为主,而在国家提出体育课程思政育人的要求后,原有的方法显然是难以实现的。因此,教师应积极学习新的、多元的教学方法,进行心理疏导和升华思想。

同时,体育教师还应采用集体讨论或者辩论的方式,引导学生探讨体育精神、公平竞赛和运动员权益等议题,以培养学生的社会责任感和

第七章　课程思政视域下的高校体育课程思政育人模式及其应用

公民意识,并通过独立思考和大胆论证,塑造其主人翁意识和积极的社会价值观。

四、注重课程评价

高校体育课程的评价体系应当超越对学生技能水平的单一考核,扩展至对思想政治素质的全面关注。这意味着评价标准需要综合考量学生在体育课程中展现的多维素质,包括道德品质、团队合作精神、竞争意识、公平竞技的态度以及对体育精神的理解和实践。

具体而言,包括考查学生是否遵守体育道德、尊重比赛规则、诚实比赛,以及是否能够展现出良好的体育风度;评估学生在团队项目中的贡献度,包括沟通协调能力、团队合作精神以及对团队目标的承诺;分析学生对待竞争的态度,是否能够在竞争中保持积极进取,同时又不失公平竞争的原则;评价学生是否能够体现出坚持不懈、勇于挑战的体育精神,以及是否能够在逆境中展现出坚韧不拔的品质;考查学生是否能够接受比赛结果,无论胜负都能够保持尊重和谦逊,以及是否能够对对手和裁判保持敬意;评价学生是否具有自我挑战的意愿,是否在体育学习中不断追求进步,以及是否能够从失败中吸取教训;等等。

五、拓宽学生参与渠道

高校体育教育的扩展不仅限于课堂内的教学,更应通过一系列丰富多彩的体育活动和竞赛来鼓励学生的广泛参与。这些活动为学生提供了展示个人才能和团队精神的舞台,有助于他们在体育竞技中体验成就和挑战,从而增强自信心和社交能力。

(1)多样化体育活动:高校可以举办各类体育活动,如趣味运动会、校园马拉松、球类比赛等,这些活动不仅能够提高学生的身体素质,还能锻炼他们的心理素质,如应对压力、团队合作和领导力。

(2)竞赛参与:通过校际联赛、区域比赛等竞技活动,学生能够在更高水平的竞技中学习和成长,同时培养他们的竞争意识和公平竞技的态度。

(3)团队协作培养:体育活动往往需要团队合作,高校可以利用这一点,培养学生的团队协作精神,让他们在合作中学会沟通、协调和领导。

（4）社会公益参与：高校还可以鼓励学生参与体育相关的社会公益活动，如到社区提供体育教学、参与体育支教等，这不仅能够让学生运用所学知识服务社会，还能增强他们的社会责任感和奉献精神。

（5）体验社会责任：通过参与公益活动，学生能够在服务中体验到帮助他人的喜悦，从而培养他们的同情心和公民意识。

（6）领导力的培养：在组织和参与体育活动的过程中，学生有机会担任领导角色，负责策划、协调和执行，这些经历对于培养他们的领导力至关重要。

（7）终身体育的意识：高校体育教育应强调终身体育的重要性，鼓励学生将体育锻炼作为日常生活的一部分，形成健康的生活方式。

通过这些措施，高校体育教育不仅能够提升学生的体育技能，还能够在思想政治教育、社会责任感培养等方面发挥重要作用，为学生的全面发展奠定坚实的基础。

参考文献

[1] 陈连华.现代高校体育教学及其模式创新[M].西安:陕西旅游出版社,2020.

[2] 张德荣.高校体育教学的多维模式与应用[M].延吉:延边大学出版社,2019.

[3] 朱明江.新时代高校体育教学理论解析与模式创新研究[M].北京:中国水利水电出版社,2021.

[4] 张龙龙.陕西省高校体育俱乐部教学实施现状研究[D].延安大学,2020.

[5] 邓翠莲,李东鹏.高校体育教学创新研究[M].北京:九州出版社,2020.

[6] 杨秀清,任静,于洪波.高校体育教学创新方法论[M].北京:中国石化出版社,2019.

[7] 李鹏举.高校体育教学创新与运动训练研究[M].长春:吉林出版集团股份有限公司,2020.

[8] 张丽蓉,董柔,童舟.人文精神视阈下高校体育教学模式的理论构建[M].北京:中国纺织出版社,2019.

[9] 曾超凡.高校体育教学的多维模式研究[M].北京:中国原子能出版社,2018.

[10] 马鹏涛.高校体育教学改革创新与科学化训练研究[M].北京:新华出版社,2018.

[11] 范晓平.学校体育教学与专项实践阐析[M].北京:中国纺织出版社,2019.

[12] 付晓东,荆俊红.多媒体技术理论及其应用[M].北京:九州出版社,2018.

[13] 樊汶桦,董旸.高校体育教学模式改革及科学管理研究[M].长

春：东北师范大学出版社，2019.

[14] 王龙龙，李蓓，黄良. 以就业为导向的高校体育教学模式改革研究 [M]. 长春：东北师范大学出版社，2018.

[15] 吴新炎. 基于体质健康视角的高校体育教学模式研究 [M]. 北京：中国原子能出版社，2017.

[16] 宁昌峰. 我国高校体育教学模式现状及其发展趋势 [J]. 当代体育科学，2018，8（31）：158-159.

[17] 蔡维. 广东省民办高校体育教学现状与对策研究 [D]. 广州大学，2013.

[18] 康瑞鑫. 高校体育教学现状及创新策略 [J]. 当代体育科技，2015，5（35）：8-9.

[19] 张楠. 吉林省普通高校体育教学现状及对策研究 [D]. 吉林体育学院，2016.

[20] 李开文，李易. 中国古代学校中的体育教学思想——文武兼备学以致用 [J]. 文山师范高等专科学校学报，2009，22（4）：84-86.

[21] 吕红芳，边宇. 美国"新体育"思想的历史解析与启示 [J]. 广州体育学院学报，2013，33（2）：12-16.

[22] 刘腾. 体育教学思想综述 [J]. 考试，2009（11）：110.

[23] 徐添庆，吕立，潘红，等. 新时代高校大学生体育运动教育体系研究 [J]. 当代体育科技，2019，9（6）：121+123.

[24] 何杜萌. 困境与发展：高校学校体育体系的建构与实践探析 [J]. 四川体育科技，2019，38（1）：115-118.

[25] 陈方煜. 高校体育教学改革中的问题与对策——评《高校体育教育发展情况分析与改革研究》[J]. 中国高校科技，2019（21）：142.

[26] 刘东起. 大学体育教学改革中存在的问题及对策 [J]. 当代体育科技，2019，9（4）：112+114.

[27] 左琳燕. 我国高校体育教学改革过程中面临的问题及对策探析 [J]. 当代体育科技，2019，9（3）：1+3.

[28] 戴信言. 高校体育教学多种模式的探索 [M]. 北京：中国原子能出版社，2016.

[29] 向政. 高校体育教学方法改革与创新 [M]. 北京：光明日报出版社，2016.

[30] 王雪，李俊波. 高校体育课程俱乐部教学模式的实施现状与

优化策略——以浙江科技学院为例[J]. 体育科技, 2023, 44 (01): 84-87+90.

[31] 王彬. 高校体育俱乐部教学模式的发展现状与对策研究[J]. 冰雪体育创新研究, 2021 (16): 131-132.

[32] 李红. 江西省高校体育俱乐部模式教学的研究[J]. 体育成人教育学刊, 2009, 4: 82-83.

[33] 姚毓武, 张大为. 我国高校体育俱乐部研究综述[J]. 天津体育学院学报, 2000, 9: 35-37.

[34] 刘大为. 夸美纽斯体育教育思想对我国学校体育的启示[D]. 扬州大学, 2016.

[35] 程显姝. 国外体育教学模式对我国体育课程发展的启示[J]. 才智, 2015 (18): 150.

[36] 黄桑波, 李建国, 卢志成. 我国体育赛事志愿服务的类型分析[J]. 体育学刊, 2012, 19 (5): 67-70.

[37] 周学帅. 北京冬奥会志愿者报名人数已超96万[N]. 北京青年报, 2020-12-06 (6).

[38] 李力, 金昕. 新时代高校立德树人的内涵、难点及实现路径[J]. 东北师大学报, 2019 (2): 149-154.

[39] 李佳宝, 孙葆丽. 论冬奥背景下体育志愿服务与青少年社会参与[J]. 中国青年研究, 2018 (2): 52-59.

[40] 任海. 奥运会志愿者与大学生[J]. 体育科研, 2003 (1): 24-26.

[41] 万国华, 杨小勇, 王碧怡. 生命: 体育教育的本真回归[J]. 南京体育学院学报, 2011 (3): 96-99.

[42] 刘欣然, 王健. 新时代学校体育的使命: 基于党的十九大报告精神的认识[J]. 北京体育大学学报, 2019, 42 (5): 1-12.

[43] 李一玉, 毕宁博, 黄小波. 析北京奥运会大学生志愿者的社会榜样作用[J]. 成都体育学院学报, 2008 (11): 13-15.

[44] 于金平. 中国家族企业员工稳定心理契约的构建[D]. 长春: 吉林大学, 2008.

[45] 黄大林, 黄晓灵. 体育赛事志愿者激励机制研究: 以2016年重庆国际马拉松赛为例[J]. 西南师范大学学报, 2018, 43 (2): 96-102.